老いる日本の住まい

急増する空き家と老朽マンションの脅威

NHKスペシャル取材班

マガジンハウス新書
021

はじめに

多くの日本人が、自分の生涯を振り返って「何を成し遂げたか？」と問われたならば、仕事や子育てなどと並んで「自分の家を買いました」と、答えるのではないでしょうか。欧米人から見れば小さくて〝ウサギ小屋〟のようかもしれないけれど、何十年もの住宅ローンを組んで、ようやく手に入れた〝夢のマイホーム〟。そのマイホームが今、次々と空き家となって放置されているとすれば、これは由々しき事態です。

全国で増え続ける〝空き家〟について『ＮＨＫスペシャル』を作れないか、という話が持ち上がったのは、２０２２年の秋のことでした。なんと、近く発表される国の調査で、全国で空き家が１０００万戸を超える見込みだというのです。日本の総住宅数は、２０１８年の統計で約６２４０万戸ですから、すごい数です。さらに市区町村別に調べると、全国一空き家が多いのは、東京都世田谷区であることがわかりました。その数、5万戸。地方都市や過疎地域だけではなく、東京の真ん中でも空き家が増えていたのです。なぜ人気の住宅地まで、こんなことになっているのか?

同じ頃、〝マンションに迫る2つの老い〟についても、特集企画が進められていました。2つの老いとは、「建物の老朽化」と「住民の高齢化」のことです。マンション建設が本格的なブームとなったのは、およそ50年前の1970年代。今、建物は老朽化し、修繕のために多くの費用がかかるようになっています。ところが、住民が高齢化して年金で暮らす人が多くなっているため、十分に費用が払えず修繕工事が滞《とどこお》って、建物がボロボロに荒廃してしまうマンションが全国に生まれています。

日本の住まいをめぐる数々の異常事態。これを『NHKスペシャル』のシリーズ企画として放送しようということになりました。タイトルは、シリーズ「老いる日本の〝住まい〟」。第1回の放送は2023年10月1日、タイトルは「空き家1000万戸の衝撃」。翌週放送の第2回は、「マンションに迫る2つの〝老い〟」。私も含め取材に当たったチームは、普段はNHK総合テレビ月曜~水曜の夜7時半から放送されている『クローズアップ現代』を制作しているプロデューサーとディレクターたちです。

増える空き家、きっかけは核家族化

取材を進めていくと、大都市にまで空き家が増えている理由が、少しずつわかってきました。最大の原因は「核家族化」でした。1970年代、戦後生まれの団塊《だんかい》の世代が結婚適齢期を迎えたとき、それまでの3世代同居中心の家族形態が崩れて、核家族が中心になります。以前は、1つの家におじいさん、おばあさん、若夫婦、孫の3世代で暮らしていた家が多かったわけですが、核家族になると、大人になった子どもは全員家を出るようになります。そうなると、子ども全員に、新しい家が必要になります。核家族化によって、社会全体としてみれば、より多くの住宅が必要になったのです。

そして今、団塊の世代の親は、ほとんどが亡くなり家だけが残されました。さらに団塊の世代も75歳以上の後期高齢者となり始め、夢のマイホームはどんどん空き家になっています。以前なら、多くが3世代同居ですから、家に住む親が亡くなれば、一緒に住んでいた子ども夫婦が、その家を相続しました。ところが、核家族の時代になってしまうとそうはいきません。別居している子どもがいても、40代後半〜50代ぐらいになっていて、すでに多くは自分の家を持ち、実家とは別の地域に根を張って暮らしています。実家に戻って暮らすわけにはいかず、こうして全国に空き家が生まれていったのです。詳しくは本編の第1、第2章をお読みいただければと思います。

東京のマンション平均価格はバブル期超え

取材も佳境に入った2023年7月のニュースでした。東京23区の新築マンションの平均価格が、1億2962万円になったことが報道されました（2023年上半期・不動産経済研究所）。建築資材の高騰と人手不足による人件費の値上がり、さらに円安によって割安感のある日本への海外マネーの流入。さまざまな要因が重なってバブル期を超える、平均価格1億円突破となりました。私たち取材チームでは、このニュースを、これから東京で家を買おうとする若い世代はどう受け止めているだろうか、と話し合いました。

収入にもよりますが、1人のサラリーマンが生涯ローンを返していくとして、その限度額は、3000万円から5000万円ぐらいでしょうか。大企業に勤めるエリート同士のパワーカップルや、医師や経営者などのお金持ちでない限り、とても手の届く額ではありません。なぜ人口減少が加速している日本で、住宅バブルのような現象が起こり、若い世代が住宅の取得に苦しまなければならないのか。何かが、おかしい。日本には1000万戸の空き家があり、東京都世田谷区だけをとっても5万戸の空き家があります。そうした家を少しリフォームして、若い世代に手渡すことはできないだろうか。私たちが番組で問いたかったことの1つに、このテーマがありました。こちらについては、第4章で詳しく紹介しています。

マンションの老いを取り巻くさらなる問題

マンションの老いがもたらす問題は、第3章で取り上げていますが、それは高齢化によって住民が修繕費を払えなくなり、建物がボロボロになってしまうという問題だけに留《とど》まりません。

高齢化がもたらす「孤独死」や「認知症」の問題もまた浮き彫りになっていました。隣に住む一人暮らしの高齢者が、亡くなった後、誰にも気付かれずに白骨化して見つかったといったケースや、認知症になってどこが自分の家かわからなくなり、すべての玄関ドアをピンポンして回っているといったケースもありました。

これまで、マンションは「近所づきあいのわずらわしさがない」ということが、いわば売りでした。しかし孤独死や認知症の問題については、個々人での対応は難しく、住民同士が集まって、解決に向けた話し合いを始めるしかありません。こうした先進的なマンションの取り組みは、第5章で詳しく紹介しています。

人口減少時代に日本の住まいの未来を描く

空き家が、1000万戸にもなってしまったこと。そして管理不全の老朽マンションが全国で問題になっていること。たくさんの課題の背景にあるのは、これまでの「新築至上主義」です。とにかく数を建てることに集中して、その後、長期的な視点に立った修繕工事の進め方などの管理・運営や、どのように最期を迎えればいいのかといった、いわば住まいの終活については、あまり配慮がありませんでした。しかしもはや日本は、世界ナンバーワンのお金持ち国ではありません。世界中から安く建築資材を買い集めてくれればいいという状況ではなくなっています。大量生産、大量消費、大量廃棄の時代は終わりました。国連の持続可能な開発目標ＳＤＧｓにもあるように、木材やエネルギーを浪費することは、CO_2排出削減の見地からも適切なものとは言えません。

これから日本の住まいをどうしていけばいいのか、人口の増加から急激な縮小に転じる中で、いずれにしても発想を転換し、大きく舵《かじ》を切っていかなくてはならないでしょう。その議論は、小さな地域の課題から制度の見直しまで、全国の空き家に悩む町内会、マンションの管理組合、そして国の審議会などで始まったところです。この本が、そうした議論の一助となれば幸いです。

ＮＨＫチーフ・プロデューサー　棚谷克巳

老いる日本の住まい◎目次

第3章 〝2つの老い〟に追い詰められるマンション

第4章　子どもたちの世代にツケを残さないために

第5章　住まいの終活を自分事として考える

構成／斎藤岬
図版制作／椚田祥仁

第1章

縮小ニッポンで増え続ける空き家

巨木と雑草とごみで埋まった庭

家というよりは木。その空き家を初めて見たときの印象はそうとしか言いようがない。

東京都世田谷区の私鉄駅から徒歩3分、閑静な住宅街に忽然《こつぜん》と巨木が生えていた。一軒家とアパートの間に挟まれた木は隣家の屋根を越えて空に伸び、茂った枝葉が地面に濃い影を落とす。落ち葉が膝の高さくらいまで積もり、その山の中にはごみ袋のようなものが見え隠れしていた。

いったいどこから生えているのだろう。あまりの大きさに遠目にはよくわからなかったが、目を凝《こ》らしてみるとどうやら民家の庭先のようだった。昼時にもかかわらず暗がりになった木の奥に2階建ての一軒家がたたずんでいる。

敷地と道路の間をカラーコーンが隔てていた。戸建てならあってしかるべきブロック塀などはなく、さびの浮いた両開きの門扉は片側が見当たらない。野放図《のほうず》に伸びた雑草や落ち葉の山が歩道にせり出してくるのを抑え込むようにして黄色と黒のバーやロープが張られている。あらゆる要素がここに長らく誰も暮らしていないことを示していた。通りがかった近隣住民たちにたずねると、やはり「もう15年くらいは空き家だと思う」という。

「ゴキブリが出たりネズミが出たり。こんなに木が大きくなっちゃっているもんね……」

木には紫色の実がなり、それを食べに鳥が集まる。そして辺り一帯にフンを撒《ま》き散らすのだそうだ。

「ごみが増えたなと。不法投棄されているんだと思うんですけど」

近所に住む夫婦のその言葉に、庭だった場所を歩道からのぞきこむとペットボトルが転がっていた。中には変色した液体が入ったものもある。弁当容器やお菓子などのごみに混じって、電子レンジや折りたたみチェアまで捨てられていた。

「ドアが開きっぱなしだったこともありました。他人が勝手に入り込んでいたらと思うと怖くって」

外壁と玄関のドアノブをピンクのナイロン紐《ひも》がつなぎとめ、かろうじてドアが閉まった状態を維持している。近隣からの通報を受けた警察が行った応急処置らしい。話している私たちの後ろを、駅に向かう人や学校帰りの子どもたちが行き交う。自分が近所に住む保護者なら、わが子の通学路の一角がこの状態になっているのは不安に感じるだろう。

なぜこの家はこんなに荒れてしまったのか。そもそもなぜこれほどの好立地で15年も空き家のままなのか。この状況を脱するには何が必要なのか——木が家を覆い尽くそうとする光景に圧倒されながら数々の疑問が浮かんだ。

今、日本全国でこうした空き家が増え続けている。

空き家1000万戸社会

総務省が行った「平成30年　住宅・土地統計調査」によれば、1年以上誰も居住しておらず、使用もされていない空き家は848万9000戸。総住宅数に占める割合は13・6％に上り、10戸に1戸以上が空き家という計算になる。この数は右肩上がりに増加中だ。1988年から2018年までの30年間で452万戸が新たに空き家になった。2023年現在、同調査が再び行われているが、空き家の総数は1000万

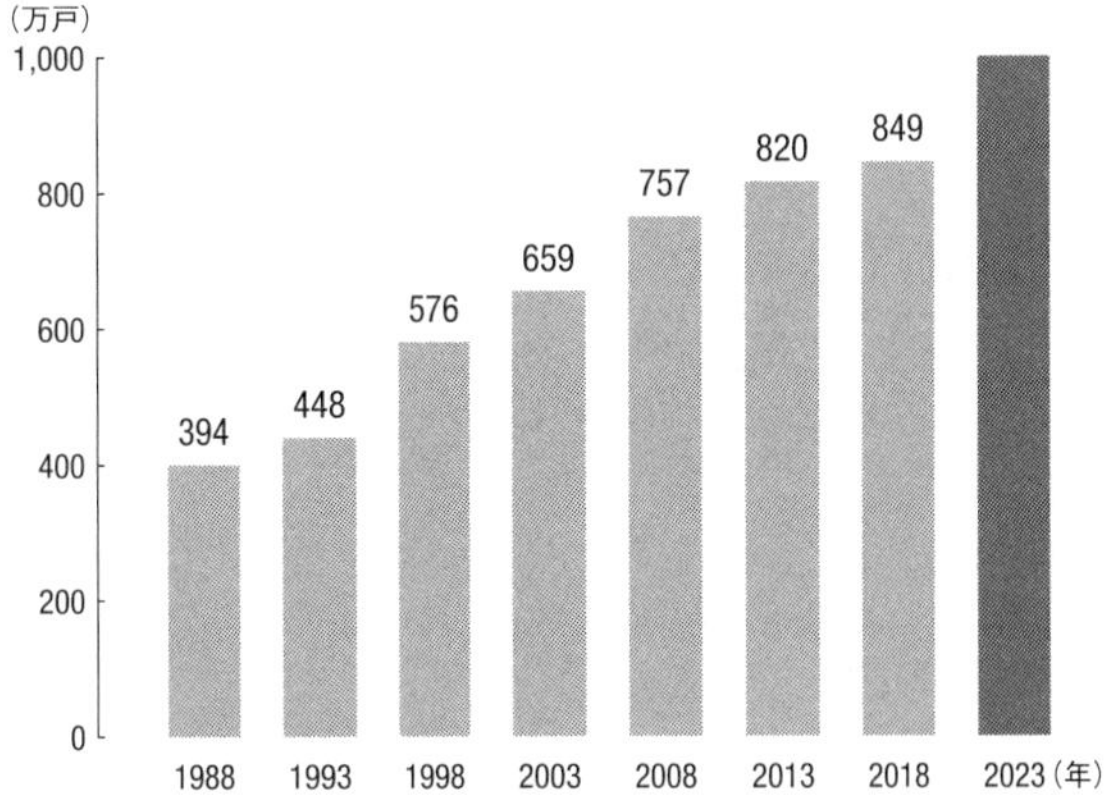

図１　空き家数の推移

出典：平成30年　住宅・土地統計調査（総務省）※2023年はNHK取材による予測

戸近くになってくると見られる（**図1**）。

中でも特に増えているのが売却や賃貸、別荘用などの使用目的が特になく、そのままに放置された空き家だ。専門家の間で〝なんとなく空き家〟と呼ばれるそうした空き家は、1998年から2018年の20年間で182万戸から1・9倍の349万戸にまで増加した。

明治大学の野澤千絵教授が作成した「空き家数全国予測マップ」を見てみよう（**図2**）。2040年に全国の市区町村で〝なんとなく空き家〟が何戸になるかを予測したものだ。色が濃いほど数が多いことを示すが、日本全土に最も濃い色で塗られた地域が点在している。県庁所在地の約7割が2万戸を超える空き家を抱え、数にして全国で現在の2倍の712万戸に達するという結果になった。

この試算からわかるのは単に今後空き家が爆発的に増えるということだけではない。空き家問題を取り上げる際には、1つの地域の住宅のうちに空き家が占める割合、つまり〝空き家率〟がよく用いられるが、この試算は空き家の絶対数に基づいている。作成した野澤教授はその狙いをこう説明する。

「空き家率は、分母となる住宅総数が多い大都市では非常に低く、地方では高くなる傾向があります。率に着目することが、結果として『空き家は地方の問題』という認識を強化してしまったように感じています。ですが、今起こっているのは決して地方だけの問題ではないのです」

前出の「住宅・土地統計調査」によれば、都道府県別で空き家率が最も高いのは山梨県の21・3%で、第2位は和歌山県の20・3%、以降は長野県が19・5%、徳島県が19・4%と続く。一方、最も低いのは埼玉県と沖縄県で10・2%、次いで東京都で10・6%、神奈川県が10・7%、愛知県が11・2%と続く。この数字では首都圏近郊

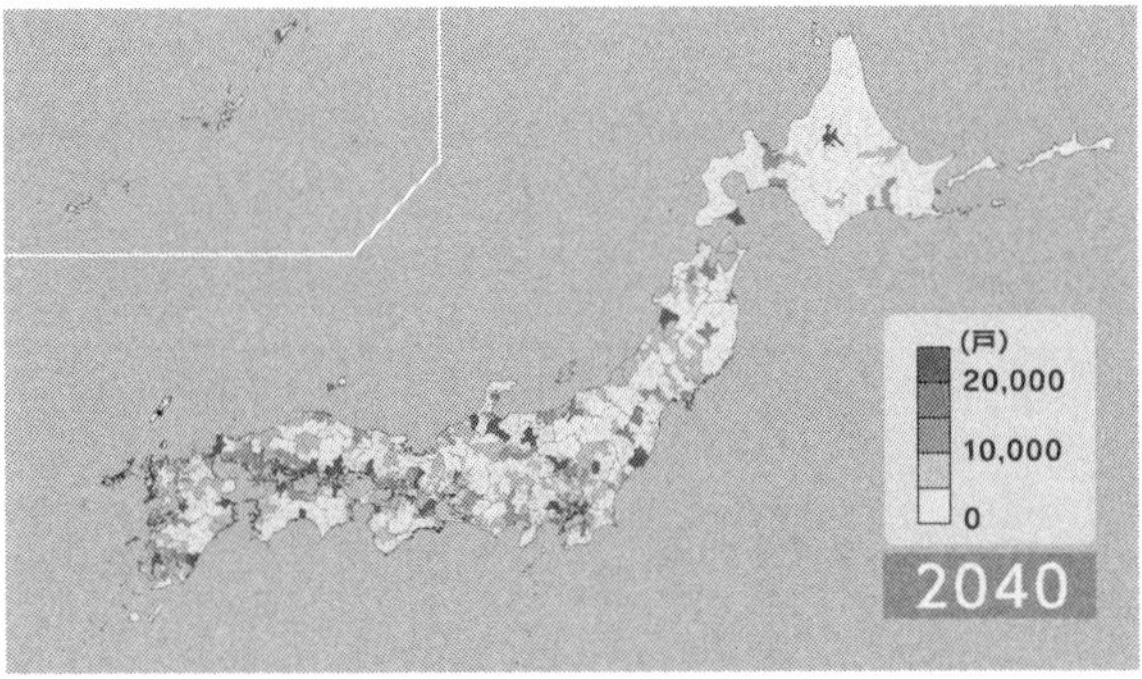

図２　空き家数全国予測マップ（市区町村別）
※売却・賃貸・別荘用の空き家は除く

図３　空き家数全国予測マップ（都心部）
※売却・賃貸・別荘用の空き家は除く

※ともに令和２年国勢調査（総務省）、平成30年住宅・土地統計調査（総務省）、令和元年空き家所有者実態調査（国土交通省）をもとに、明治大学・野澤千絵教授が分析・作成
※住宅タイプや年齢層などのデータを細かい地域単位で解析。相続した家がどの程度、売りに出されるかなどを加味して推計

画像提供：NHK

や大都市圏はまだ大丈夫そうに思えるが、**図3**を見てほしい。2040年の東京都では、3つの市区でいわゆる〝なんとなく空き家〟が2万戸を突破している。隣の神奈川県でも2つ。図には含まれていないが、大阪府でも1市が2万戸以上の空き家を抱えると推計されている。

「今後、空き家問題は地方の過疎地から都市部へ広がり、しかもこれまでとは異なる〝数〟と〝スピード〟で増加する可能性があることが明らかになりました。『大都市だから大丈夫』『自分たちの街は売ろうとすれば売れているから大丈夫』というこれまでの感覚が通用しなくなるエリアがかなり増えると予想されます」（野澤教授）

所有者の約半数が「活用予定なし」

人が住まなくなった家はまたたく間に荒れる。塀が壊れ床は腐り、虫や獣が住み着く。倒壊による事故、敷地内の不法投棄や、火災、断水などのリスクも高まり、周囲に悪影響を及ぼす。実際に2021年2月、北海道夕張《ゆうばり》市では道内の観測史上最も強い風雪に見舞われた際、市内で空き家3棟が倒壊。2023年1月には石川県内で空き家の水道管が破裂して漏水が発生、周辺のおよそ1万世帯で断水などの影響が出た。国土交通省が行った「令和元年　空き家所有者実態調査」によると、屋根の変形や傾き、外回りの腐朽・汚損といったトラブルを抱える空き家は54・8％に上る。すでに空き家の半数に危険な兆候が現れているのだ。

人の目が行き届かない空き家は治安悪化の温床にもなってしまう。窃盗《せっとう》目的で侵入した不審者と所有者が鉢合わせになる、身元不明の遺体が見つかる、放火によって建物が全焼する、果ては大量の大麻を栽培する工場として使われるなど、空き家を舞台にした犯罪はこの数年だけでも枚挙《まいきょ》にいとまがない。前出の試算は、今後はどんな規模の街であってもこういったトラブルが起きる可能性があることを示している。

空き家が放置されるのは望ましくない。この考えには誰もが同意するはずだ。しかし前出の国交省の調査によれば、〝なんとなく空き家〟の所有者のうち44・6％が売却や賃貸としての活用、あるいは解体して更地《さらち》にするといった意向を持っていない。その理由としては「物置として必要」「解体費用をかけたくない」「更地にしても使い道がない」などが上位に並ぶ（**図4**）。こうした空き家の24％は居住者がいなくなっ

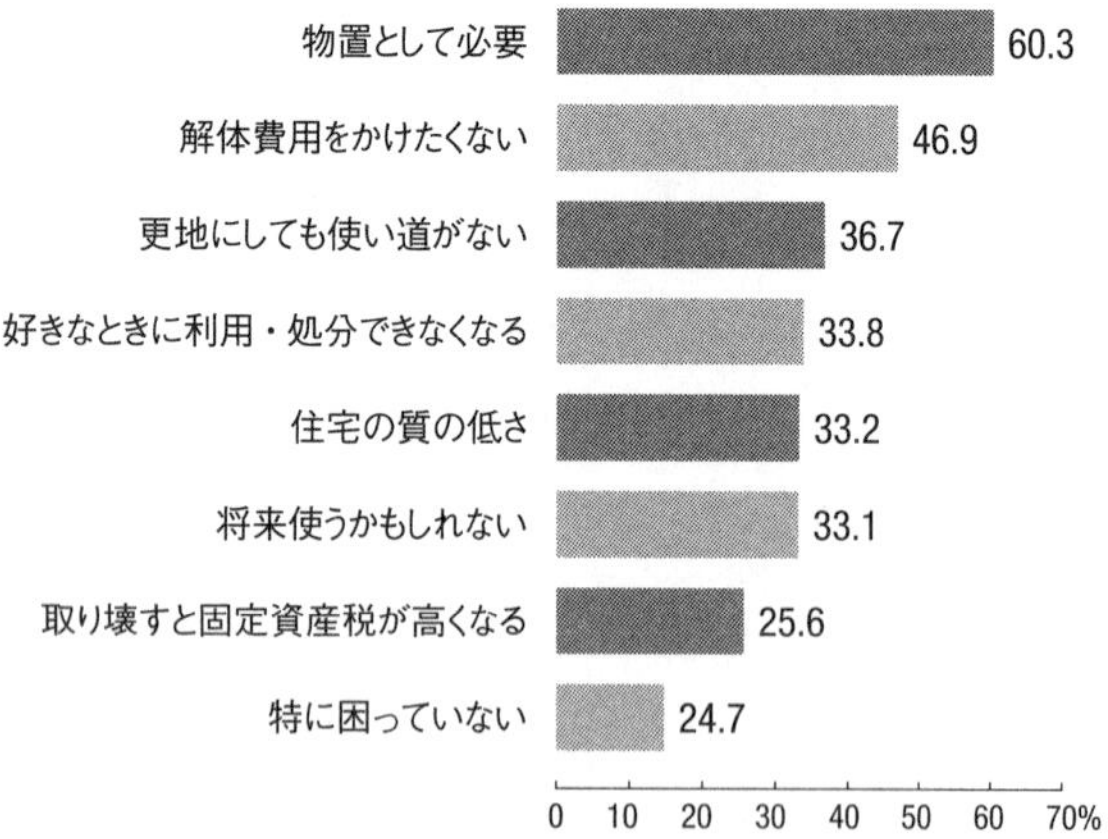

図４　空き家にしておく理由
出典：令和元年　空き家所有者実態調査（国土交通省）

て20年以上が経過している。大多数が旧耐震基準の頃につくられた木造の戸建てだ。放っておけばトラブルにつながりかねないのは明白でありながら、なぜ所有者たちはそのままにしているのだろうか。

ＮＨＫでは本書のもとになった『ＮＨＫスペシャル』以前から、『クローズアップ現代』や『あさイチ』『おはよう日本』などで番組を横断して空き家問題を取り上げてきた。そして〝なんとなく空き家〟の現状に警鐘《けいしょう》を鳴らし解決策を提示するべく、２０２３年５月に『クローズアップ現代』にて「急増！〝なんとなく空き家〟どうなる税負担！強制撤去も⁉」を放送。番組内で空き家に関する悩みを抱える視聴者に投稿を呼びかけたところ、140通近いお便りが寄せられた。

「遠方にある親の実家を処分したいが、手順も窓口もわからず、どうしたらいいか困っている」

「家の中の家財道具をどう処分したらいいかわからない。持ち帰って自宅に置く場所もない」

「親が介護施設に入り、家の荷物もそのままで10年経った。何をどこに相談したらいいかもわからない」

「家の名義人である母が認知症になり、法的手続きができない」

「亡き母の思い入れの強かった実家を手放すことにためらいがある」

「解体費用が650万円以上かかると言われた」……

空き家に関するコンサルティングを行う空き家活用株式会社の和田貴充代表は〝なんとなく空き家〟所有者たちの心理を「放置するというよりも、相談できるところがないので致し方なくそのままにしている方が多い」と分析する。諦めや嘆き、怒りがにじむ投稿の文面からはたしかにその通りの背景が透けて見えた。どうにかしなければとは思いつつもどうしていいかわからない……お便りは一様にそう訴えていた。

「住みたい街」上位の世田谷区が抱える5万戸

何かについて取材を始めると、関連する事柄が生活の中で目につきやすくなるものだ。空き家も同様で、取材開始以降、街を歩いていてそれらしき物件を見つけることが増えた。いつ通っても閉ざされて埃《ほこり》の積もった雨戸や、大量のチラシが詰め込まれたままのポスト、伸び切った庭木。これまで気付いていなかっただけで、日頃よく通る道にもそういう家はあった。

冒頭の巨木の生えた家も、その中で目に入った一戸だった。ただ、他の空き家らしき物件とは大きく異なる点が1つあった。南京錠と鉄の鎖で守られるようにして庭先に立て看板が挿《さ》さっていたのだ。そこには「標識」と題した紙が貼ってあった。

「下記特定空家等の所有者等に対し、空家等対策の推進に関する特別措置法第14条第3項の規定に基づき必要な措置を講じることを命じた。令和5年●月▲日　世田谷区長保坂展人」

私たちが注目したのは「特定空家」という文字だ。2015年、「空家等対策の推進に関する特別措置法」(以下、空き家対策特措法)が施行された。もちろん空き家は昔から存在し、近隣に悪影響を及ぼすものもあったが、この問題が前景化してきたのは比較的最近のことだ。2010年に埼玉県所沢《ところざわ》市が全国で初めて空き家に関する条例を制定したのを皮切りに、一部の自治体では個別に条例を設けて対処してきた。しかし放置された空き家であっても個人の財産であり、行政が関与できる範囲には限界がある。対策に消極的な自治体も多かった。より積極的な対応が可能な体制を整えるべく設けられたのが空き家対策特措法だ。これにより、倒壊の危険性や衛生上の問題などが懸念される空き家を指す「特定空家」の概念が生まれた。

放置された空き家があると、自治体はまず所有者に管理に関する〝助言・指導〟を行う。その後も改善の意思が見られなければ〝勧告〟を行い、特定空き家に指定。状況が改善されるまで固定資産税の優遇措置が解除される。これは住宅が建っている場合にその土地に対する本来の課税標準から最大で6分の1まで減額する特例制度のことで、空き家が放置される要因になっていた。解体して更地にすると納税額が跳ね上がるため、そのままにしておいたほうが得だという心理が働くからだ。特措法はこの点にもメスを入れている。それでも動きがなければ罰則金を伴う〝命令〟を経て、最後は〝行政代執行《ぎょうせいだいしっこう》〟だ。自治体が樹木の整備やごみの撤去、あるいは家屋の解体まで強制的に踏み込むことになる。標識はこの家が命令の段階まで来ていることを示していた。

世田谷区は「住みたい街ランキング」上位常連の人気エリアだ。駅徒歩３分とあれば売るなり貸すなり活用方法はいくらでもあるだろう。そう考えてしまうが、実は世田谷区には、全国の市区町村で最も多くの空き家を抱えているというもう１つの顔がある。その数は５万戸に上り、うち約１万２５００戸が〝なんとなく空き家〟だ。１９８８年から比べて約７割増加しており、前出の試算でも２０４０年に２万戸を超える自治体の１つに挙がっている。空き家が都市部に広がっていることを象徴する場所だ。

「特に多いのは奥沢・東玉川周辺の玉川地域、それから三軒茶屋周辺の世田谷地域ですね。それ以外も全域に空き家が散らばっています」
空き家の分布マップを手に、世田谷区建築安全課・空家対策専門チームの千葉妙子係長が説明する。区内には高い建物が少なく、細い路地に住宅が密集して立ち並ぶ。放置された空き家で火災が起きれば広範囲に燃え広がるリスクが高い。治安への悪影響も当然懸念される。

特措法施行以来、区ではチームを設立して改善に向けて取り組んできた。所属する5人の職員は空き家の状況を確認しに日々区内の街頭に出て、近隣への聞き込みを行う。登記情報や固定資産税情報から所有者を見つけ出して管理や処分を促し、緊急性が高い物件でコンタクトを拒絶されれば戸籍謄本《とうほん》から家系図を作成して親族にアプローチもする。

ただ、これまで行政代執行は行ってこなかった。これは自治体にとってあくまで最終手段だからだ。個人の所有物を解体するには事前の調査や専門家を交《まじ》えた審議会などを通さねばならず、早くても1年ほどを要する。また、かかった費用は後から所有者に請求する仕組みだが、全員がきっちり支払ってくれるかといえばそうはいかない。

総務省が２０１７年から２０１９年にかけて実施したアンケートでは、この期間に行われた10件の行政代執行のうち、全額回収できていたのはわずか1件。中には２００0万円かかったケースもあった。所有者が費用を払わなければ現在の住居を含む財産の差し押さえが行われるが、そもそも財産を持っていない人からは回収のしようがない。世田谷区に限らず多くの自治体が及び腰になるのは当然だろう。空き家対策特措法の制定から２０２１年度までに、全国で行政代執行が行われたのは１４０件に留まる。

所有者にとっても行政任せにして高い費用を後から請求されるより、自分で解体業者を見つけて交渉したほうが安く済む。なおかつ世田谷区の場合は、市場に出せば土地の買い手はほぼ確実に見つかるという恵まれた条件が存在する。だからこそ時間をかけてでも所有者を説得するのだ。

そんな中であの家――本章冒頭の空き家は、世田谷区にとって初めての行政代執行による解体事例となるかどうかの瀬戸際に立っていた。

立ち入り調査で判明した屋根の穴

「足カバーください。空き家であっても人様の家なので、土足厳禁で参ります」

暖かさが増した春の日、世田谷区の空家対策専門チームの姿があの家の前にあった。千葉係長をはじめ全員が作業着を身に着け、ヘッドライトのついたヘルメットをかぶっている。建物の状態を確かめるための立ち入り調査が行われようとしていた。内部がどの程度老朽しているか、外からはわからない。腐った床を踏み抜いて怪我をしたり、最悪の場合は一部が崩落したりして大きな事故につながる可能性もある。全員が緊張した面持ちだった。

「行きましょう。お願いします」

千葉係長の号令がかかった。挿してあった標識を若い男性職員が丁寧に引き抜き、道に横たえる。張られたロープを順々にくぐり、草木に埋もれた玄関までのアプローチを進んでいく。木製の玄関ドアはひび割れて変色し、入ろうとする者を拒むようにツタがからみついていた。扉を手で支えながら開けて中に入った千葉係長が「これ、すごいね。外からも光が来ている」と声を上げる。電気もないのに室内は陽光で薄明るくなっているらしい。もちろん私たちは中に入ることはできない。外から様子を眺めつつ待機していると、1時間後に全員が出てきた。

「屋根に穴が空《あ》いているので、そこから雨水が入り込んで、2階の床がかなり傷《いた》んでいました」

以前、私たちも隣家のベランダから屋根を見せてもらっていたが、その際にも目視できるサイズの穴が複数確認できた。もはや住居の体をなしていないようにも思われたが、作業着姿のまま千葉係長は言う。

「所有者ご自身にとっては思い出の家だと思いますので、納得して解体を決めていただけるようにサポートや対話を続けていきたいなと思っています」

庁舎で見た大型キャビネットが頭をよぎる。天井まである4架に、管理不全で対応している空き家の資料がぎっしり詰まっていた。中には数年にわたって交渉を続けている物件もあるという。

世田谷区の空き家がこれほど増えている大きな理由は持ち主の高齢化だ。1990年から2015年までの25年間で、区内の高齢夫婦世帯数と高齢単身世帯数は前者が

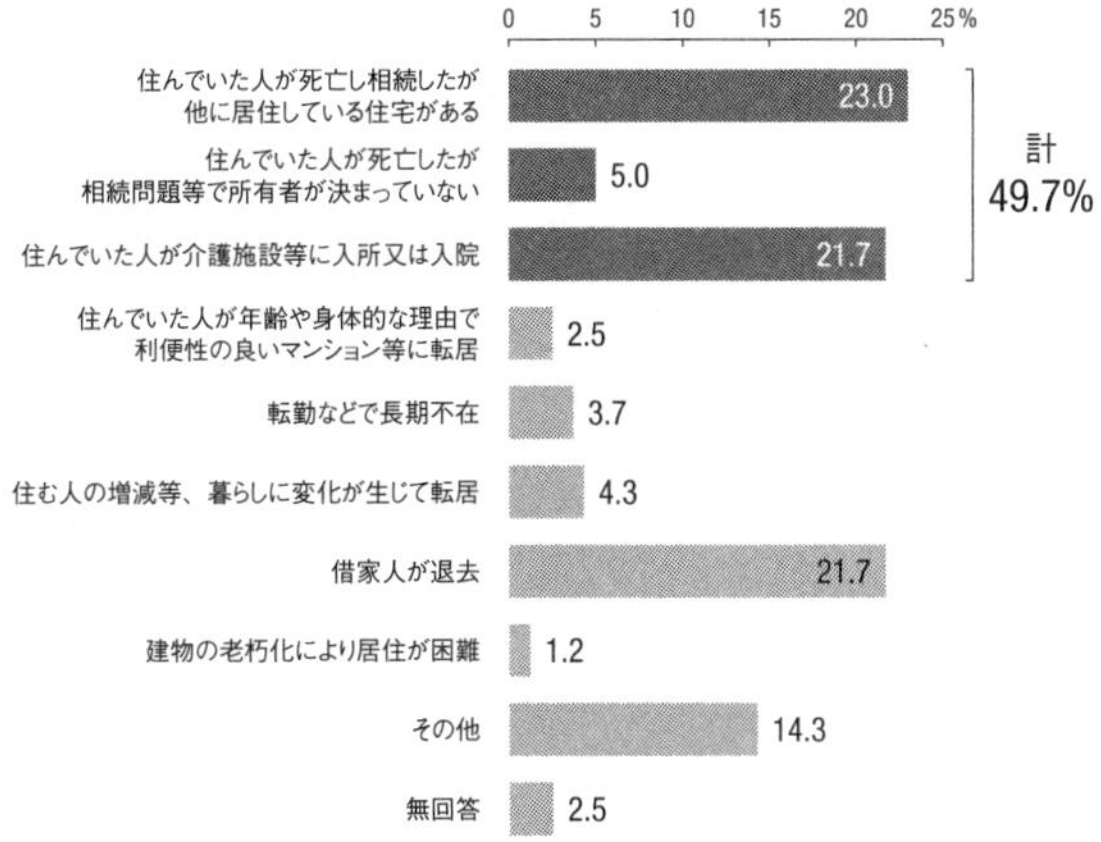

図５　世田谷区空き家所有者の「建物を使用しなくなった原因・きっかけ」
出典：世田谷区空家等対策計画（平成30年）

約２・０倍、後者が約２・８倍に増加。区が空き家の所有者を対象に行ったアンケートによると、建物を使用しなくなった原因・きっかけの第1位は「住んでいた人が死亡し相続したが、他に居住している住宅がある」で23％を占めた。次いで「住んでいた人が介護施設等に入所又は入院」と「借家人が退去」が21・7％となっている（**図5**）。

問題の長期化を招く相続の混乱

この状況は世田谷区以外も同じだ。全国でも空き家の取得経緯で最も多いのは「相続」で54・6％を占める。相続からどんな経緯をたどって〝なんとなく空き家〟になるのか、詳しく知りたいと考えていたある日、取材で接点のできた不動産会社から「築100年の空き家を相続して困っている人がいる」という話が舞い込んだ。解決に向けて自ら動いており、番組に協力してもいいと言ってくれていると聞き、すぐさま連絡を取って会うことになった。

待ち合わせ場所にやってきたのは筑前賢一さん。妻に先立たれて子どもはおらず、現在は一人暮らしだという。66歳になった今は勤めていた会社でシニア社員として働いている。スーツ姿にビジネスバッグを提《さ》げた、あえていうならきちんとした身なりの〝ごく普通〟の男性だった。

「どうするかわからない状態で維持していて……そのままずるずる来ている感じですね」

悩みのタネは東京都中央区にある母方の祖母の家だ。ノートに家系図を書きながら説明してくれたところによると、20年前に祖母が亡くなって筑前さんの母を含む6人の子どもたちに相続の権利が発生したが、家をどうするか話し合わないでいるうちに4人が亡くなってしまった。相続権を持つ人が亡くなると権利はその子どもたちに移る。最終的には筑前さんとその兄弟を含む計8人が権利を持つ形になり、「誰かがいつか使うかもしれない」と全員で分割して固定資産税を支払いながら〝なんとなく〟建物を維持してきた。だが親族も高齢化する中で、このまま放置していたら事態はより複雑になりかねない。そう考えて3年ほど前に腹をくくり、司法書士を雇って遠方の親族一人一人と交渉を始めた。費用は全部で60万円ほどかかり、心理的な負担も大きかったという。

「相続は〝争続〟ってよく言いますよね。そうならないために個別で交渉する形をとりました。大変なことになったな、という感じでしたね。いわゆる当事者になったというか……」

聞けば母は長女で、筑前さんは祖母にとって初孫だったのだそうだ。それだけにかわいがられ、子ども時代は祖母の家で過ごす時間が長かった。自身の実家ではないが思い入れは強い。加えて、母や叔母からかけられた言葉もあった。

「『家のこと、よろしくね』『ちゃんとしてね』って。だからもう自分がやるしかないのかなと思いましたね」

権利者全員との話し合いが済むまでに要したのは1年。空き家になってから約16年が経過していた。

NHKに寄せられた悩みでも相続に関するものは多い。

「面識のない異母きょうだいに相続の相談をするのが怖い」

「相続の権利を持つ人間が全国に散らばっており、たどるのが大変」

「自分名義の土地に亡くなった祖父名義の空き家が残っているが、親族が相続放棄してくれず解体できない」

「親族の希望で祖父の家を10年以上残しているが、管理が負担」……

個別の事情はさまざまだが、煩雑《はんざつ》さに心が折れかけている所有者たちの悲鳴が聞こえてくる。

空き家に関する数多くの相談を受けてきたNPO法人　空家・空地管理センターの上田真一理事は「相続人同士で意見の対立が起きてしまうと、空き家期間が長期化する傾向がある」という。相続に関して誤った認識や思い込みを抱いている人が多いことも手伝って、停滞したり揉《も》め事に発展したりしがちだ。

相続の混乱は自治体にも甚大な影響をもたらす。前提として日本ではこれまで不動産登記が義務化されていなかった（2024年4月1日より義務化）。相続権は相続人の承諾を必要としないため誰かが亡くなると自動的に発生するが、身内と疎遠になっているなどの理由で訃報を知らず、自分が相続の当事者になったことを関知していない人はいる。もしくは親が空き家を所有していることを知らず、親が亡くなった後も気付かないパターンもある。こうなると所有権移転の登記がなされないため、現在の所有者やその現住所が不明な空き家が発生してしまう。また、登記をせずとも罰則はなかったため、故意に無視することもできてしまっていた。使い道のない不動産のためにわざわざ手間をかけて事務手続きを行うのは面倒というのがその理由だ。

このため空き家の所有者探しは難航する。前出の野澤教授の著書『老いた家　衰えぬ街』（講談社現代新書、2018年）によると、野澤教授の研究室が行った自治体の空き家担当部署へのアンケートでは、回答した自治体のうち77％で所有者不明の空き家が存在した。併せて寄せられた自由回答の中には「相続登記されていない空き家が多く、相続権者が多数であるために所有者の探索に手間も時間もかかる」といった担当者たちの苦悩が記されていたという。

「思い出が詰まった家を売るのは申し訳ない」

相続した空き家の処分には、権利関係のほかにもう1つ大きな壁が立ちはだかる。家は財産であると同時に思い出が詰まった場所でもある。そう簡単に割り切って淡々と処理を進められない。

なんとか自分1人で相続するところまでこぎつけた筑前さんも、ここで手が止まってしまった。空き家に関するセミナーや不動産会社の窓口などで相談すると立地の良さから一様に売却を勧められるが、自身の中にその選択肢はなかったのだ。幼い頃に祖母に頼まれて水を交換した神棚、祖父からもらったラジオで遊んだベランダ、叔父や叔母たちともんじゃ焼きを食べた居間……あらゆる場所に懐かしい記憶が宿っている。

「母たちが言っていた『ちゃんとしてね』というのは多分、イコール売却じゃないと思うんです。祖母との思い出が詰まったこの家をできれば手放したくはない。アルバムを捨てられないのと同じですね」

賃貸に出して誰かに住んでもらうことも検討したが、そのためにはリフォームに1000万円はかかる。どうすればいいのか解決策を見出せないまま、相続から2年が経っていた。

ある日、物件の風入れに行く筑前さんに同行させてもらった。「定期的に窓を開けないと空気が淀《よど》んじゃうから」と、1～2カ月に1回は来ているという。家が建つ細い路地の先には巨大なタワーマンションが見えて、現在の東京のコントラストが凝縮されているように感じた。20年間誰も住んでいないと聞いて、これまでの空き家取材の経験から多少身構えていたが、室内は特に大きく荒れてはいない。「襖《ふすま》なんかは完全にボロボロで、そのままの状態です」というが、かび臭かったり畳が湿気でたわんでいたりすることもなく、空き家として状態は良いほうだ。定期的な管理の賜物《たまもの》だろう。この日もガラスの引き戸を乾拭《からぶ》きするなど簡単な掃除をしていた。とはいえたしかに障子や襖はビリビリに破れて穴が空き、引き戸の建付けも悪い。年季の入った木造の家は、手入れを止めたらすぐに劣化が進むことは想像に難《かた》くなかった。

「子どもがいればね、その子に遺したいと考えるのかもしれないし、逆に『なんとかしてもらおう』ってこのまま放置していたかもしれません」

子どもがいない筑前さんは、自分の代でなんとか解決したいと考えている。そのために荷物の一部を自宅に引き上げるなど少しずつ整理も進めてきた。見せてもらうと、自宅の1部屋は持ち帰ってきたもので埋まっている。ブルーシートを敷いてその上に置いた荷物を開けて確かめ、布で拭く。百貨店の印入りの畳紙には着物が包まれていた。祖母のものだろうか。「意外ときれいに残っているな」と懐かしげだ。レコードや誰かの奉公袋などの細々したものに混じってアルバムがあった。黄ばんだ台紙に貼られた白黒写真の中で、幼い筑前さんが澄ました顔をしている。背後にはあの家のベランダや台所が写り込んでいた。「アルバムを捨てられないのと同じ」という言葉に込められた葛藤が、より重みを増す。

「私もいつコロッと逝《い》くかわからないですから、何かしないと家がかわいそうだと思っているんですが、売るのは家族に申し訳が立たないし、リフォームするのも家の思い出が変わってしまう気がして決断できないんです。荷物を捨てるのも大変で、みんなどうやっているのか不思議に思います」

「ちゃんとしてね」という呪い

前出の和田代表は「亡くなった人の『ちゃんとしてね』という言葉は呪いになってしまう」と指摘する。

「維持してほしいのか、売っていいのか、何をどうすれば『ちゃんとした』ことになるのか、明確でないので言われた側は悩みます。故人の意図を想像しても答えは見つからず、迷いが深まるばかりです。ひとまず一周忌まで置いておこう、三回忌まで置いておこう……と、ずるずる対応を先延ばしにしてしまっているうちに、自分も年を取って愛着が増していく。そうして手放せなくなって困っている方たちを数多く見てきました」

老いとともに気力体力が低下すれば、先延ばしにしてきた問題に向き合うべく奮起するのは難しくなる。管理に通うのも徐々に億劫《おっくう》になって足が遠のいてしまう。前出の上田理事は「当初は頻繁に管理に通っていても、時間がたつに連れてだんだんと疲れて間隔が空いていき、そのまま行かなくなるケースはよくあります。年を取ればなおのこと大変です」という。それでも過ごせてしまうのは、空き家が当人にとって〝自分のもの〟と捉えにくいからだ。上田理事の著書『あなたの空き家問題』（日本経済新聞出版、2015年）では以下のように分析している。

「空き家を放置してしまう原因の1つに、放置しても所有者はあまり困らないことが挙げられます。放置されて困るのは、周りに住む人や、その近くの道を使う地域の人です。さらに、空き家の様子は現地に行かないとわからないことも放置されてしまう原因の1つです。（中略）管理をしなくても自分には大した影響がなく、さらに見に行かないと状態もわからないとなると、所有者は罪悪感を抱きながらも放置しがちになってしまうのです」

取材を重ねる中で「実家だった家が荒れ果ててしまったことを直視できない人は多い」という話をよく聞いた。思い出の中のきれいな姿で時が止まっていて、いつか再び訪れる日までそのままの状態で待っている――そんな感覚に陥ってしまうのだ、と。世田谷のあの家の持ち主もそうだったのだろうか。近隣住民は「以前はときどき手入れに通ってきていたみたいだけど、だんだんと来なくなってしまった」と話していた。

たしかにあの木と家を見ると、もはや何から手を付ければいいかわからず目をそらしてしまいたくなる気持ちもわからなくはない。しかも事態を招いたのはほかならぬ自分となれば、その様子を受け止めるには相当なエネルギーがいるだろう。

「ご両親や親族の死によるつらさは時間が解決してくれる部分があると思いますが、空き家対応において時間は敵です。思考停止していると状況はより悪化していきます。放置すれば放置しただけ資産価値も下がります」（上田理事）

放置された空き家は周辺の不動産価値も下げてしまう。前掲書によれば、上田理事が知る中には「隣に景観を損ねる程度の空き家があるため、相場よりも低い価格となります」と査定で明言されたケースがあるという。

現在、空き家を所有する人の世代は65～74歳が41％と最も多い。解決に向けて動かないままこの世を去れば、空き家は子ども世代に相続される。寄せられたお便りでは「どうしていいかわからないから、申し訳ないが子どもに解決してもらいたい」「今住んでいる家は空き家になるが、自分が死んだら子どもになんとかしてもらうしかない」

と考えている人もいた。

どうにもならない空き家を相続したとき、取りうる最終手段として相続放棄という道はある。最高裁判所が発表する司法統計年報によると相続放棄の申述の受理件数は増加傾向にあり、２００８〜２０１８年の10年間で約１・５倍になっている。メディアでこの件が取り上げられる際には空き家をはじめとする〝負動産〟を背負い込むことへの忌避感が理由として語られる。

本来の相続人が相続放棄をすると別の人間が相続人となる。たとえば両親が亡くなった後、子どもたちが全員相続を放棄し、両親の親つまり祖父母もすでに他界していた場合、相続権は親の兄弟姉妹に移る。彼らもすでに亡くなっていたときにはその子ども、相続放棄をした人間にとってのいとこが相続することになる。実の子どもたちが「いらない」と断った空き家を親族が喜んで受け取ることは稀《まれ》だろう。押し付け合いの果てに、遺された者たちの人間関係に大きなひびが入りかねない。

「いずれ誰かが解決してくれる」「いったん置いておこう」と、空き家所有者あるいはこれから空き家になりうる家の所有者たちが先送りにしたツケが、次世代に大きな重荷を背負わせる。子どもが亡き親を恨みがましく思うようなことすらあり得てしまうのだ。

親の介護施設入所で実家が空き家に

世田谷区の空き家発生理由の第2位「住んでいた人が介護施設等に入所又は入院」も、相続と同じく、権利や法律と思い入れが複合して空き家になってしまうパターンだ。

高齢になった親が介護施設などに入所したとき、子どもたちがすでに独立していると、親が住んでいた家は空き家になる。親の所有物を子どもが勝手に処分することはできない。親亡き後で相続した実家を処分するのも心理的に抵抗があるのだから、当人にとってはなおのことだ。再び自宅に戻れるかわからなくても「自分が生きているうちはそのままにしておいてほしい」と老いた親から言われれば、それ以上説得できなくなってしまう。

なお、このタイミングでも所有者情報をたどれない空き家が発生しやすい。住民票を移しても不動産登記簿謄本の住所は自動的に変更されないが、施設入所に前後して自ら変更を申請したり子どもや司法書士に委任状を託したりするところまで手配できる人は少ないはずだ。子どもの側も、親の生活環境の変更に伴って慌ただしく過ごす中でそこまで気が回らないだろう。

親が認知症を発症すると事態はさらに膠着《こうちゃく》する。こうなるとたとえ委任状があったり認知症になる前に「好きにしていい」と言われていたりしても、現在の法律では解体も売却もできない。認知症を含め判断能力が不十分な人を支援する制度として成年後見制度があるが、認知症発症後の法定後見では「高齢者施設の費用を払うのに十分な資金がない」などの理由がない限り、裁判所は不動産の売却を許可しない。この問題も今、空き家と並んで注目されている。第一生命経済研究所の試算では認知症の人が所有する住宅は2021年時点で221万戸あり、2040年には280万戸に達する見込みだ。

特別養護老人ホームの平均在所期間は約3・5年で、退去理由の67%を「死亡」が占める。身もふたもない言い方をすれば、空き家の処分に手をつけるには親が亡くなって相続が発生するまで4年弱待つしかない。しかしいざ相続したらしたで煩雑さに苛《さいな》まれ、再び暗礁《あんしょう》に乗り上げるのは先に見た通りだ。資産価値が高く買い手が見つかりやすいはずの都市部で空き家が増える背景には、こうした事情が絡まり合っている。

土地と建物のトラブル

立地や建築状況といった家そのものがはらむトラブルも空き家問題を複雑にしている。お便りを寄せてくれた視聴者数十人に連絡を取って詳しく話を聞く中で、まさにそうした難題に直面している物件を見せてもらうことができた。

島根県松江市の中心部から車で約15分ほどの、山に囲まれた自然豊かな地区。歴史を感じる門構えの屋敷が田畑の間に点在し、ノスタルジックな風景が広がる。住田栄一郎さんが所有する築150年の物件は、その片隅で濃い緑に埋もれていた。背丈を越える草に足をとられないよう長靴で踏みつけながら慎重に藪《やぶ》をこいで進むと、朱色の瓦屋根の2階建て住宅が見えてくる。

「もう、見るだけで疲れますね。廃屋《はいおく》に近いです」

住田さんは軍手をはめたまま嘆息する。建てられた時代を想起させる木製の戸袋や窓枠は、乾燥しきってひび割れている。瓦の一部は剝《は》がれて屋根の上に乗っているだけのものもあった。内部を案内してもらうと全体に埃っぽく、畳も土壁も傷みが目立つ。広い土間の先にある居間には冷蔵庫と小さなちゃぶ台が鎮座し、2階の部屋には最後の住人のものと思《おぼ》しき洋服や雑貨などが家具ごと取り残されていた。この家は母親から相続したという。

「最初は売ろうと考えていたんですが、調べたところ、市のハザードマップで土砂崩れのおそれのあるエリアに該当することがわかりました。だから不動産会社は扱ってくれないんです。空き家バンクも、もう少し手を入れないと登録できないということでした」

それならばと自治体に寄付を申し出るもなしのつぶて。進展がないままコロナ禍に突入し、県外に暮らす住田さんは定期的な管理に通えなくなってしまう。約3年の間にますます荒廃が進んだ。

「ほったらかすのが一番簡単です。ただ、隣にはお年寄りも住んでいらっしゃいますし……」

ハザードマップに載っているこの物件は特殊なケースのように思えるが、土地と家屋自体がネックになって事態が進まないという意味では同種の悩みは珍しくない。似たようなところでは「再建築不可物件のため、容易に処分ができない」というケースがある。

再建築不可物件とは簡単にいえば、今建っている建物をリフォームすることはできるが、解体して更地にしても新しい建物は建てられない土地・物件を指す。住宅を建築する際には「接道義務《せつどう》」と呼ばれるルールがある（都市計画区域や準都市計画区域の場合）。「幅4m以上ある建築基準法上の道路に、建物の敷地が2m以上接していなければならない」というもので、火事などの際に道路が狭く避難に時間がかかって人的被害が拡大してしまうことを防ぐ狙いで作られた。ところが1950年の建築基準法制定前に区分された敷地や建物はこれを満たしていないことがよくある。古い空き家はこの障壁にぶつかりがちで、上田理事は「実は再建築不可物件に関する相談は非常に多い」という。

ＮＨＫに寄せられた悩みの中には「市街化調整区域に建っていて、更地にしても土地が売れない」というものもあった。市街化調整区域とは、都市計画法に基づき、住宅や商業施設の建設を抑制するよう定められたエリアを指す。ただしそこに田畑を持つ農家などは例外的に家を建てられるのだが、大変なのは「農家住宅」と呼ばれるこうした家が空き家になったときだ。建物を解体してしまうと再建築できる条件が限定されるため、宅地としては売れないといっていい。では更地にして近隣の農家に農地として買ってもらおうと思ってもこれも難しい。解体の際に出た破片などが土に混じる上に、住宅という重たいものを何十年も乗せてきた土地だ。作物の育つ土壌に耕すにはかなりの手間がかかり、欲しがる人は現れにくい。

「相続土地国庫帰属制度」は解決にはつながるのか

人口減少が進む地方部では、相続や高齢化に加えて土地や建物の問題がことさら重くのしかかってくる。費用と手間をかけて状況を改善したところで、大都市に比べて買い手を見つけるのが困難だからだ。

　住田さんが相談した空き家バンクは、インターネットで誰でも見ることができる空き家・空き地の検索システムだ。通常の不動産市場に出してもごく安い価格しかつかず、儲けにならないからと不動産会社は扱いたがらない物件を掲載している。現在では約8割の自治体が導入済で、2018年4月からは全国の情報を横断検索できる「全国版空き家・空き地バンク」もスタートした。地方移住希望者とのマッチングをスムーズにすることが目的の1つだが、自治体によって実績にはばらつきがある。NHKに届く悩みの中にも「取引を仲介する不動産会社を自分で見つけるよう自治体から言われたが、探し方がわからない」「登録したが過疎地のため内覧が入らない」など空き家バンクに関するものが散見された。

　地方の空き家に悩む所有者たちにほのかな期待を感じさせたのが、2023年4月から運用が始まった相続土地国庫帰属制度だ。相続したものの処分に困る土地を国が引き取ってくれる制度とあって、「解体費用のみの負担で空き家を手放せるのでは」と思われたが、かなりハードルが高いことがわかってきた。まず、対象となる土地は以下のすべての項目をクリアしなければならない。

・建物が存在しない
・担保権や使用収益を目的とする権利が設定されていない
・通路その他の他人による使用が予定されていない
・土壌汚染されていない
・境界が明らかでない土地や所有権等についての争いがない
・崖がなく、通常の管理に過分の費用・労力を要しない
・通常の管理・処分を阻害する工作物、車両または樹木が地上に存在しない
・通常の管理・処分を行うために除去すべき有体物が地下に存在しない
・隣接する土地の所有者等との間にトラブルを抱えていない
・その他、通常の管理または処分にあたり、過分の費用・労力を要しない

これだけの条件を満たしてから、受け取ってもらえるかどうかの審査がようやく始

まる。ちなみに審査にあたっては手数料1万4000円がかかり、不承認になっても返還されない。承認されると、今度は負担金として標準的な土地の管理費用10年分相当額の納付を求められる。これらすべてをトータルすると数百万円になることもある。

なぜそれほど厳しい条件が課されているかといえば、以後の管理にかかる費用は国が支払うからだ。闇雲になんでも引き取っていては財政が破綻《はたん》する。そもそも「持っていても価値がないから国や自治体に引き取ってもらう」という考え方が横行すればモラルハザードにつながりかねない。

「親や祖父母が住んでいたという事実は、その家の存在からメリットを受け取っていたことを意味します。厳しいことを言うと、かつてはメリットを享受したものがマイナスになったからといって行政に押し付けるのは筋が違う。空き家を相続して悩む人の中には自分を〝被害者〟だと感じている人がいるのですが、空き家問題には純粋な被害者はなかなかいないんです」（上田理事）

更地にたどり着くまでの途方もない手間

立ち入り調査から2カ月後、あの世田谷の家の解体工事が始まっていた。行政代執行は結局回避された。持ち主が売却を決断したのだ。

工事初日に現場を訪れると、例の巨木の伐採から作業はスタートしていた。伸び切った枝が切り落とされ庭の草木が抜かれる。3tトラックが荷台いっぱいに植物を満載して運び出していった。

「こういう家だったんですね」

確認のために立ち会っていた千葉係長がぽつりと漏らす。木がなくなって初めて家の全貌《ぜんぼう》がわかったのだ。隠れていたベランダがあらわになり、窓の内側で破れた障子が垂れ下がっているのが見えた。日に焼けたそれは、かつてこの家にあったであろう生活の残滓《ざんし》を感じさせた。やがて家は跡形もなくなり、空間がぽっかり空いて裏の家が丸見えになる。解体された住宅機器のパーツや剝がされた畳が地面に置かれ、埃と土にまみれたサンダルが片方だけ転がっていた。

こうして解決に至る空き家は世田谷区では年間わずか数件だ。新たな空き家が発生する量と速さはすさまじく、対応が追いつかない。千葉係長は淡々とした口調で「もっと手前の、所有者さんが少しがんばれば動かせる段階で対策していかないと、世田谷区の空き家問題は解決しないと思っています」と根本的な課題を掲げた。

工事は約2週間で完了した。敷地と歩道を区切る真新しいロープの向こう側、均《なら》された土に「売物件」の立て看板が立っている。あれほど荒れた空き家が建っていたとは思えない、さっぱりした景色だ。あっけなく感じるが、ここに至るまでには何年もかかり、その時間の中には行政関係者の尽力や近隣住民の不安、そしておそらく所有者のさまざまな思いや葛藤が凝縮されている。自分が当事者になったときにはその時間をかけることなく対処できるか、何もない土地を前に考え込んでしまった。それは決してｉｆの話ではない。今より何倍も空き家が多くなる近い将来、誰にとっても他人事ではなくなるのだ。

第2章

ニュータウンと〝住宅すごろく〟の着地点

山道の先に現れる3000戸の家

チェーン店の看板がちらほらと立つロードサイドをバスが進むと、だんだんと道が細くなっていく。すれ違う対向車も減って、路傍《ろぼう》を雑木林が埋める山の入り口らしい風景が続いた後、突然街が現れた。東京都心から電車とバスを乗り継いで1時間半。ここは埼玉県比企《ひき》郡鳩山町《はとやままち》、その東部に位置する鳩山ニュータウンだ。

それは不思議な景色だった。1つの信号を境に道幅がぐっと広がり、雑木林が途切れて四角く刈り込まれた低木と枝打ちされた街路樹に切り替わる。電柱が地面に埋められているようで、広い道路沿いには電線が走っていない。急に視界が開けた。すっきりした青空の下、道路の両サイドには似通ったデザインの戸建て住宅が立ち並ぶ。整った様子は、ここが山を切り拓《ひら》いて人工的につくられた街だということをよく伝えていた。

1971年に開発が始まったこのニュータウンには約3000戸の住宅が建つ。1974年から1997年にかけて3期にわたり分譲が行われ、楓ヶ丘、鳩ヶ丘、松ヶ丘の3つの地区から構成される。秩父《ちちぶ》山地の手前、岩殿丘陵《いわどのきゅうりょう》の南端に位置する鳩山町にあって宅地面積の大半を占め、最盛期には約1万人が暮らした。

しかしそれも今は昔だ。現在の人口は約6600人まで落ち込んでいる。人口の減少は止まらず、住む人がいなくなって放置された空き家が増え続けている。

「ここ、空き家ですね。隣もそうですね。これも空き家かな」

町内会連合の役員を務める荒木愼二郎さんの車に乗せてもらって町内を回る。メインストリートから脇道に入ると、たしかに空き家らしい住宅が散見された。春の陽射しを浴びて青々とした草と枯れた草が庭の中で入り乱れ、さびた鉄柵から道路に乗り出してきている。隣家はさらに高く伸びた雑草に覆い隠されて屋根しか見えない。門扉の前を通るとようやく家が視界に入った。「ポストがふさがっていますね」という荒木さんの言葉通り、据え付けられた金属製の郵便受けはテープで覆ってある。隣家と同じく元は白かったであろう柵は赤く変色していた。

「連絡がつく空き家の持ち主さんには連絡して、『木を切るよ』って切らしてもらっている。そのままにしておくと危ないし、変なことがあるとまずいので」

空き家の数は鳩山町が把握しているだけで約140戸。足を踏み入れたときは整理された美しい街並みにしか見えなかったが、間近で1戸1戸を眺めると生活の気配が感じられない家が少なくない。中には天井近くまでごみが積み上がった様子が窓越しに見える家もあった。

この街で空き家を抱えて悩んでいる当事者に会うことができた。山田さん（仮名／50代）が「こちらです」と案内してくれたのは白い2階建ての家だ。雨戸は閉め切られているものの、荒木さんの車から見た空き家とは違って庭木が伸び放題といった状態にはない。丈の高いピンク色の花が首を伸ばして咲いていた。

玄関を入るとダンボール箱が4箱積んである。「荷物が結構置いてあって……」という山田さんの後について廊下を進むと、リビングと思しき部屋には物があふれていた。籐製のキャビネット、衣装ケース、ステレオコンポ……。元の持ち主が使っていた家財道具が床を埋め、人はその間を縫って移動しなければならない。他の部屋も似たりよったりだ。無造作に置かれた木箱の中にはレトロな緑色のプッシュ式電話機が転がっていた。長年の暮らしの中で溜《た》め込まれた物たちが無言の存在感を放つ。

山田さんがこの家を引き継いだのは２０２２年のこと。自宅は広島県と聞いて、片付けに苦労しているわけがよく理解できた。遠方に住みながら空き家の家財の片付けに取り組むのは大変だ。自治体によって異なるごみ出しのルールを把握した上で、現地に滞在しながら分別したごみを収集日に出すという一連の流れは時間も手間もかかる。交通費もかさみ、山田さんはいつも宿泊費と併せて5万円をかけて通っているという。

「残念ですけど、自分では使いようがないですね」

処分にかかる費用を見積もったところ、遺品整理や解体で約180万円かかることがわかった。いつかは売りたいと考えているが想像以上に費用がかかり、かえって赤字になる可能性もある。

「大学生とこれから高校生になる子どもがいますし、正直いってここにお金をかけるわけにはいかない。お金がないと何も前に進まないところもあるんですよね」

雨戸を開けて風を通し、雑巾を絞って汚れた窓を拭く。この家にはまだ水道も電気も通っている。汗をぬぐいながら「あと10年ですね、僕が働いても」とつぶやく背後の棚には写真立てが3つ伏せられていた。

山田さんのように遠方の空き家の処分に悩む人は多い。全国の空き家所有者のうち約3割が空き家まで1時間以上かかる距離に住む（約1割は3時間超）。物理的な距離は物事の進展を逐一遅らせる。手入れのために通うのも大変なら、売却や賃貸活用に向けて動くにも手間がかかるからだ。NHKに届いた悩みの中にも「田舎の実家を処分したいが、地元の不動産屋の評判がわからず不安」といった声があった。また、前章で取り上げた通り、現状を直接目にする機会がないと危機感は生まれにくく、空き家から遠くに住む所有者は関心が低下しやすい。その中にあって山田さんはそれでも「子どもに残すと僕と同じ状態になって悩んじゃうと思うので、それまでには結論を出したいなと思っています」と思い定めていた。

希望に満ちたニュータウンの50年後

街の中心部にあるタウンセンターに置かれた町内会連合の事務所で、荒木さんが「これが私が入ったときのパンフレットです」と差し出した。表紙には「即日完売を重ねて11年、街は広がり12、500人の街へ」とある。76歳の荒木さんがここに家を買ったのは40年前、第2期分譲の頃だ。

「一軒家に住みたいっていうのがありましたね。庭付きの一戸建て。子どもが遊べたりバーベキューしたりできるような雰囲気が好きだったんで」

町内会連合メンバーの高橋恵美子さんは「私が買ったときは5000万〜6000万円くらい」という。バブルの時代には富裕層向けのニュータウンとして人気を博し、中には1億円する物件もあった。同じくメンバーの岡敏男さんが「売り手のほうも『埼玉の田園調布』って言っていましたよ」と口にすると、集まっていた面々から笑いが起きた。その笑いが意味するのは「大きく出たなぁ」といったところだろうか。

男性陣はいずれもかつては都心の職場に勤めるサラリーマンだった。年功序列と終身雇用に加え、国全体が経済成長を遂げる只中にあって給料はこれから先も上がり続けることが約束された時代だ。30年ローンを組んでも余裕を持って返せる見込みがあった。通勤が可能な距離で子育てにも向いた環境を求めて、彼らはニュータウンに家を買った。

1979年の鳩山ニュータウンを撮影した映像がNHK内に残っていた。「ご覧ください、どうですか。東京のベッドタウン。村の山肌を削って巨大な住宅団地ができました」とレポーターが言うように、空撮映像にはぎっしり並んだ屋根が映っている。遊歩道を子どもたちが走り抜け、植えられたばかりの細い若木の間で幼児が補助輪をつけた自転車にまたがって遊ぶ。カメラを気にしてか、動きを止めた幼児の背を若い母親が押している。後ろには白くまばゆい新築住宅が軒《のき》を連ねていた。これらは当時、希望に満ちたイメージとしてお茶の間のブラウン管に映し出されたはずだ。

それから40年余りが経った今、街の高齢化率は56％に達した。埼玉県全域の高齢化率26・7％と比べて突出して高い。老年化指数（65歳以上の老年人口を14歳以下の年少人口で割った数値）から算出した「消滅可能性ニュータウンランキング」では県内第1位だ。街を出ていった子どもたちはほとんど帰ってこない。

町の中央部には商店街がある。かつては精肉店や青果店などが住民の生活を支えたが、1軒また1軒と閉店し、現在ではシャッターが下りたままの2階建ての建物が寂しく並ぶ。美容室やラーメン店などがかろうじて残っているが、人通りは少ない。銀行の窓口は閉鎖され、2校あった小学校は統合されて1校になった。空撮用のドローンが映した風景には44年前と同じように家々が並ぶが、着実に時間は過ぎ、街も人も老いている。

戦後日本で「住宅すごろく」が生まれた背景

これは鳩山だけで起きている事象ではない。全国のニュータウンが今、同様の苦境にある。なぜ大都市の近郊にありながら著しい高齢化と人口減少、空き家の増加に悩まされるのか。その背景には「住宅すごろく」と呼ぶべき日本人の住まいへの価値観が変わってしまったことがある。

まずは大きく歴史をさかのぼってみよう。近代以前の農業社会において子どもは貴重な労働力で、大家族であることが生産性の維持に欠かせなかった。しかし衛生状態の悪さや医療の未発達さゆえに乳幼児の死亡率は高く、たくさんの子どもが産まれては成人まで生きられずに命を落とした。これが多産多死社会だ。近代化が進んで医療が普及すると子どもは死なずに済むようになり、多産少死社会がやってくる。ここで人口爆発が起こる。このプロセスは多くの国や地域で共通してみられ、日本もこの流れをたどってきた。国内の出生率は１９４７〜１９４９年にピークを迎える。第１次ベビーブーム、団塊の世代の誕生だ。

彼らが就労年齢に達した頃、社会は高度経済成長の只中にあった。この時期、大都市圏に多くの人口が流入する。その数は１９６０年代前半の５年間に首都圏で１８５万人、大阪圏で92万人に達した。ここには２つの要因が絡み合っている。１つは、産業構造の変化により都市部で多くの仕事が生まれたこと。もう１つは、多くの〝弟〟たちが地元を離れたことだ。多産少死ゆえに兄弟の人数は多いが、家を継ぐのは長男と決まっている。民法上の家制度は廃止されてもそれは至極当たり前のことだった。そのうえ農業の機械化・効率化が進んで必要な労働力は減った。それならば仕事がいくらでもある大都市に出て一旗揚げよう――そう考えるのは必然だ。男兄弟だけでなく姉妹も同様で、１９６０年以降、女性労働者に占める家族従業者の割合は著《いちじる》しく減り、雇用労働者の数が一気に増える。民主化した社会で男女同一労働同一賃金の原則が敷かれ、女性も労働市場に参加していった。大都市にやってきたのはそうした10代後半から20代前半にかけての若者たちだった。なお、ここには大学進学も含まれる。

これにより、受け入れる都市の側では何が起きたか。深刻な住宅不足だ。戦火で多くの家が失われたこともあり、1955年の時点で世帯数に対して全国で約284万戸が不足していた。増え続ける人口を吸収するために編み出されたのが、一度に大量の住宅を提供できる団地であり、ニュータウンだった。日本初の大規模ニュータウンである千里《せんり》ニュータウン（大阪府吹田《すいた》市・豊中《とよなか》市）は1961年に着工し、翌年には入居が始まった。

都市部に出てきた彼ら彼女たちは、安定した生活を送れるようになると家庭を築く。1960年代の生涯未婚率は男女ともに1〜2％台と、現在からすると驚異的な数字だ。こうして多くの核家族が発生する。正確を期すならば、日本においては大正期からすでに核家族世帯が全世帯の半数を占めたが、その多くは近隣に親族で集まって暮らしていた。先祖代々の地縁・血縁から離れ、一組の夫婦だけを核とした生活を営むという意味で、一般的にイメージされる核家族像は昭和のこの時期に確立されたといえる。1960年から1970年までの10年間で総世帯に占める核家族世帯の割合は10％上昇。1971〜1974年には第2次ベビーブームが到来し、生まれた子どもたちは「団塊ジュニア」と名付けられた。

ここで重要なのは団塊の世代はライフステージに合わせて家を住み替えたことだ。若い頃は賃貸アパート、結婚したら賃貸マンションから分譲マンション、子どもができたら庭付き一戸建て。それも手狭な都心部ではなく、広くて住みやすい郊外に家を求める。荒木さんたちが語ったように給料は右肩上がりに増えると皆が信じられた頃だ。将来は明るく開け、住まいはどんどん大きなものになって然《しか》るべきだった。誰もが一国一城の主を目指した団塊世代の持ち家率は86・2％に上る。

1973年、こうした風潮を評して建築家の上田篤が〝住宅双六《すごろく》〟という造語を生み出す（朝日新聞1973年1月3日掲載）。そもそも戦前の日本では誰もが家を持つことは当たり前ではなかった。1941年に24都市で行われた調査では持ち家率はわずか22％に過ぎない。都市部では借家住まいが普通だったのだ。だからこそ戦後新たに定着した住まいの〝新常識〟を指す言葉が生まれた。

国も住宅の購入を後押しした。住宅政策では家を買おうとする中間層に対する支援が中心に置かれ、中でも新築は税制の面で優遇された。新築住宅を購入するために10

年以上のローンを組むと所得税から一定額が控除されたり、固定資産税・都市計画税などの地方税の一部が減免されたりといったメリットが用意されていた。一方で賃貸住宅への住み替えに対してはさしたる支援が存在せず、住宅を購入する人であっても単身世帯に対しては住宅金融公庫の融資は制限されていた時期がある。家族を持って新築住宅を買う人、つまり「住宅すごろく」に則《のっと》った生き方を国も支援してきたのだ。同時に、都市部では長らく地価が上がり続けていたため、住宅の購入は資産形成の一環でもあった。大まかに言えば、日本人の〝新築信仰〟〝持ち家信仰〟はこうして完成した。この頃から現在に至るまで持ち家率は60％前後で推移している。

都市近郊に持ち家を買い求める人は増え続け、1960年には560万人だった郊外の人口は1970年に1068万人と、わずか10年で倍近くに膨れ上がる。ニュータウンが開発ピークを迎えたのも1970年前後だ。ライフステージに合わせた住み替えゆえに、入居してくるのは似たような経歴を持った同じような家族構成の同年代が中心になる。都心まで片道1時間半かけて通勤する父親と専業主婦の母親、子どもが2人。昭和の日本の〝標準的〟な家族が夢のマイホームに暮らす、住宅すごろくの上がりの街。それがニュータウンだった。

「ニュータウン」に明確な定義はない

なお、ここまで特に説明なしに「ニュータウン」と書いてきたが、実はこの言葉にははっきりとした定義がない。鳩山のように戸建てが密集した街も多摩ニュータウンのように団地が立ち並ぶ街も「ニュータウン」と呼ばれるため、人によって想像するものが少しずつ異なるかもしれない。国交省のウェブサイト上には『ニュータウン』は一般化された言葉になっており定義されていません」という一文が掲載されている。この文章は国交省が作成した「全国のニュータウンリスト」に添えられたものだが、リストにも注意書きがある。

「できる限り精度の高いものとなるよう努めておりますが、これまで網羅《もうら》的な把握がなされていなかったこと、開発時期や事業主体、事業手法によっては十分な資料が残されていないことなどから、必ずしも正確なデータとなっていない場合があります」

２０１１年に作成された同リストの抽出条件は以下の通りだ。

・昭和30年度以降に着手された事業
・計画戸数1000戸以上又は計画人口3000人以上の増加を計画した事業のうち、地区面積16ha以上であるもの
・郊外での開発事業

言葉としては「都市の過密化への対策として郊外に新たに建設された新しい市街地」と表現された。これらは行政が初めてニュータウンを定義したものとされる。住宅形態については言及しない大雑把なものではあるが、本書ではこれにならう。

日本のニュータウンのルーツは、1903年にイギリスで社会改良家のエベネーザー・ハワードが提唱した「田園都市構想」にあるとされる。これは産業革命によって生活環境が悪化したロンドンから離れるべく、田畑に囲まれた職住近接型の都市を郊外に建設しようという運動だった。この都市計画が欧米各国で参照され、それぞれの国の人口動態や住宅事情を踏まえてバリエーション豊かに展開されたのち、日本を含

む世界中に波及していった。ちなみに高級住宅街で知られる田園調布（東京都大田区・世田谷区）は、まさにハワードの田園都市構想に影響を受けて造られた街だ。こうしてルーツから考えると、鳩山ニュータウンを「埼玉の田園調布」と称した往時の売り文句はあながち大げさとはいえないのかもしれない。

世代交代が進まなかった街

荒木さんたちが運営する町内会連合は、13街区の町内会の代表たちで構成されている。清掃活動や広報活動、バザーや夏祭りの運営、住民へのアンケートをとりまとめて必要事を自治体に掛け合うなど活動は多岐にわたる。取材を始めた頃、メンバーが時間を割いて街の維持に取り組む姿に「本当にこの街が好きなんですね」と口にすると、荒木さんはこう言った。

「自分たちの新しい故郷を自分たちでつくる。われわれはそういう気持ちでここに入居してきたんです」

分譲開始当初からここに住む男性たちは次男や三男がやはり多いそうだ。いわば住宅すごろくのメインプレーヤーだった彼らの言葉からは、街への思い入れと誇りが伝わってくる。

しかしその思いは子ども世代には継承されなかった。鳩山ニュータウンで4人の子どもを育てた高橋さんは「子どもたちの世代でだいぶ価値観が違ってきちゃったかなと思うんですよね。ここは子育てするにはいいところなんですけど、お母さんも働きに出るとなるとちょっと難しいかな」という。1990年代から実質賃金はほぼ横ばいが続く中で、父親だけの稼ぎでは心もとない。女性の社会進出も進み、1980年には1100万世帯だった専業主婦世帯は539万世帯まで減った。共働きで子育てをしながら毎日片道1時間半かけて都心まで通勤するのはかなり厳しい。親世代とまるで異なるライフスタイルはこの街には向かない。

次世代は住まず、同時期に入居した第1世代は一斉に老いる。これこそがニュータウンが抱える問題の根本的理由だ。街の世代交代が起きないまま高齢化が進み、残された家はどんどん空き家になっていく。明治大学の野澤教授の試算によれば、5戸に1戸以上が空き家となるエリアのある住宅団地が、2030年には1都3県だけでも

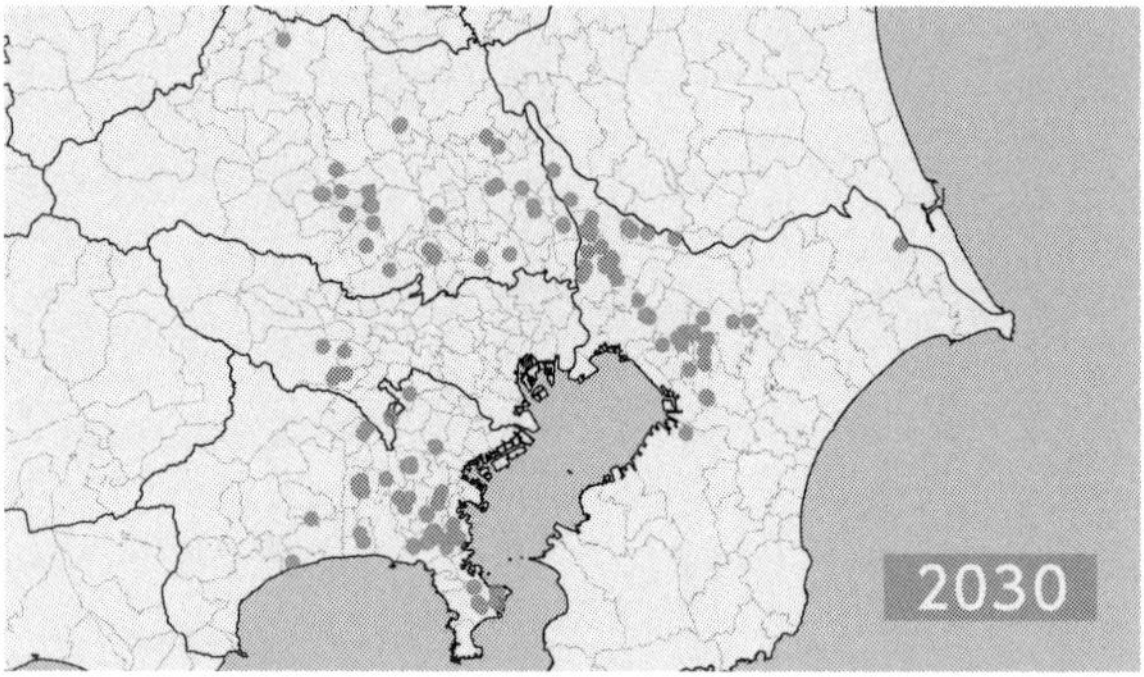

図6　空き家予備軍マップ（空き家が５戸に１戸以上となるエリアがある住宅団地）
※令和２年国勢調査（総務省）、平成30年住宅・土地統計調査（総務省）をもとに、明治大学・野澤千絵教授が分析・作成
※2030年に85歳以上となる持ち家の世帯数（空き家予備群）を算出。各町丁目の面積に占める空き家予備群の密度を推計

画像提供：NHK

138カ所に上るとみられる（**図6**）。

「オールドタウンはしょうがないにしても、ゴーストタウンにはしたくないな」

丘の上から家並みを見下ろして岡さんはつぶやいた。町内会では「街の活気をこれ以上失いたくない」と空き家を相続した子ども世代へ呼びかけをしてきたが、反応は鈍い。

もともと当時としても高価格帯だった鳩山ニュータウンの家々は躯体《くたい》が丈夫で、中古物件としての質は高い。都心部への通勤は長時間かかるが、フルリモート勤務や自家用車で近隣に通勤するなら落ち着いた周辺環境は魅力的だ。不動産価格は分譲開始時の6分の1まで下がっており、欲しい人にとっては〝お買い得〟。実際、鳩山町の空き家バンクで物件を探している登録者は60件を超えている。

だが、ここで育った子どもたちにとっては故郷だからこそ魅力を見出せない。よく知る土地ゆえに不便な場所というイメージが拭《ぬぐ》えず、住みたがる人がいるとは思えなくて「売れないだろう」と最初から諦めてしまう。しかも山田さんが悩んでいたように解体や片付けで安くないお金がかかるとなれば、解決のために動く外的動機がない。だから空き家は市場に出回らず、新たな住人が移り住んでくるチャンスも生まれない。鳩山ニュータウンが抱える空き家問題の最大のネックはこの点にあるといっていい。荒木さんたちもそれは重々理解しており、空き家所有者に連絡する機会があると「最近はニーズがあるんだよ」と伝えるが、それ以上のことはできずにいる。

子どもたちの故郷をなくしたくないという思いとともに、現実的な不安もある。このまま人口が減り続ければ、日常の買い物ができる場所がなくなったりバスが減便されたりといった不便が生じる。最寄り駅までのアクセスが悪い鳩山では、自家用車が運転できるほど元気なうちはよくても、それ以降は公共交通機関が頼りだ。鳩山町が運行するコミュニティバスはすでに２０２２年春で廃止になり、今はその代替としてデマンドタクシーが運行されている。

鳩山町が都市計画策定に向けて行った町民への意識調査では、ニュータウンは他の地域に比べて医療機関や福祉サービスの不足に不安を感じる住民が突出して多かった。鳩山に限らず、若い世帯の居住を前提に造られたニュータウンはバリアフリー設備がなく、高齢者が居住するには不向きだ。山を切り拓いた街は全体に坂が多く、場所によっては道も細い。鳩山ニュータウンを車で移動してみても、何かあったときに緊急車両が通るにはやや心もとないように感じた。終《つい》の棲《す》み家《か》になるはずだった場所に最期のときを迎えるまで安心して住めるかどうか、際どい状況にある。

止まらない新築供給、育たない中古市場

国を挙げた住宅不足解消の施策が実を結び、日本の総世帯数を総住宅数が上回ったのは１９６８年のことだ。ところがその後も住宅の新規供給は止まらなかった。２０１８年時点で総世帯数５４００万世帯に対し総住宅数は６２４１万戸。約８００万戸

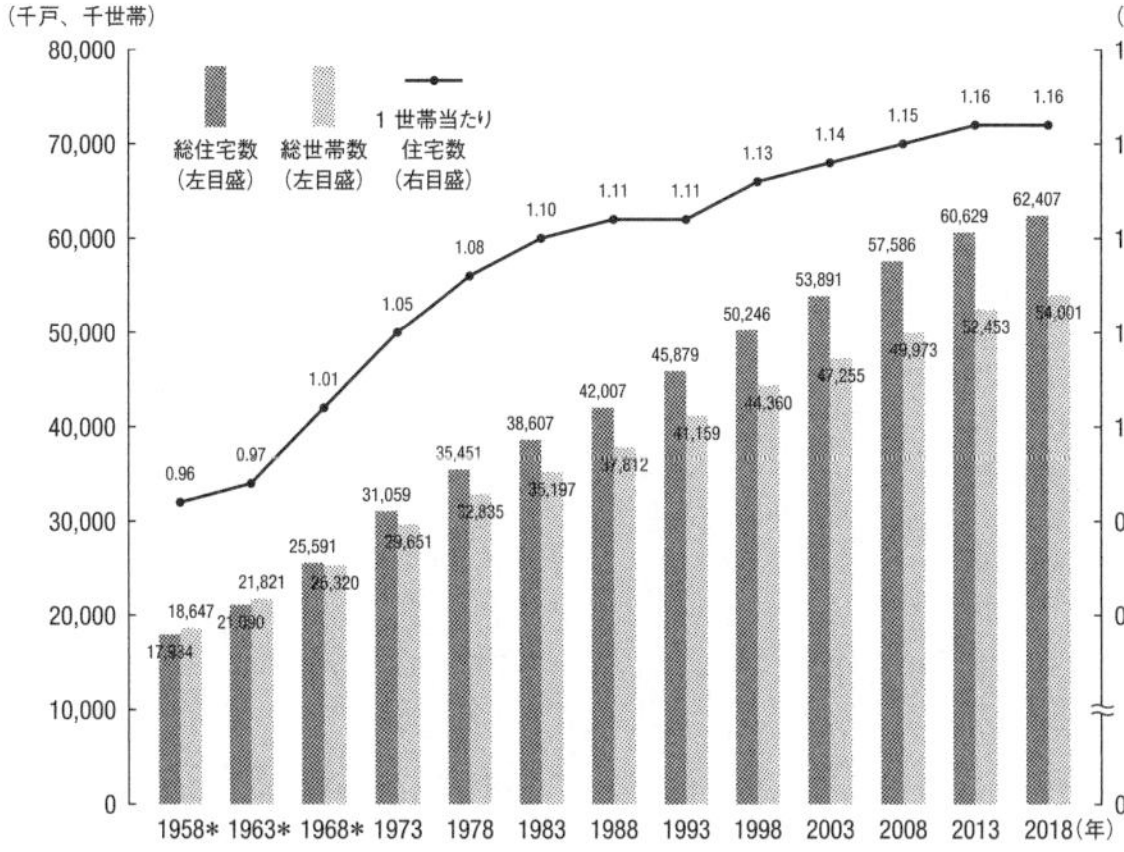

図７　総世帯数と総住宅数及び１世帯当たり住宅数の推移
出典：平成 30 年　住宅・土地統計調査（総務省）　*の数値は沖縄県を含まない。

も家が余った住宅過剰社会になっている（**図7**）。年間の新築住宅着工数はオイルショックやバブル崩壊、リーマンショックなどを経て段階的に減りつつあるが、２０２２年の１年間で新たに85万９５２９戸が着工した。

国立社会保障・人口問題研究所の推計によれば、２０２０年に１億２６１５万人だった人口は２０４５年には１億８８０万人まで減少する。すでにピークは過ぎて人口減少の局面に入っており、長期的にこの傾向は続く。これに対し、総世帯数は２０２３年まで増加を続け、５４１９万世帯でピークを迎えると見られている。人口が減っても世帯数が増えるのは1世帯あたりの構成人数が少なくなっているからだ。ただしこちらもまもなく減少に転じ、2030年には5348万世帯になると推計される。

「今後の日本では住宅の需要、つまり住宅取得世代の人数が激減していきます。すでに2010~2020年の10年間で、世帯主が25~54歳の世帯数は全国で22万世帯減少しました。2020~2030年の10年間では2774万世帯減、2030~2040年の10年間では238万世帯減と、ここ10年の減少幅の12倍ものスピードで減っていくと推計されています」（明治大学・野澤教授）

野村総合研究所による予測では2033年の総住宅数は7107万戸となっている。そしてこの頃には空き家の数は2147万戸に達するとも予測されている。

その上、日本は全住宅の流通量に占める中古住宅のシェアが他国に比べて驚くほど低い。アメリカでは83・1%、イギリス（イングランドのみ）は88・1%、フランスは66・9%のところ、日本は14・7%に留まる。木造が基本で台風や地震などの自然災害が多い風土と、石造りが基本の文化では住宅観の根本的な違いはあるにせよ、その差はあまりにも大きい。この数字は2013年のものだが、記録がたどれる198

5年以降現在に至るまでシェアが20%を超えたことはなく、横ばいが続く。先述の通り2022年の新築住宅の着工数は約86万戸だったのに対し、中古住宅の流通量は16万戸に留まった。

アメリカでは中古住宅の売買に際して住宅検査士（インスペクター）が建物の性能をチェックし、買い主と売り主それぞれに不動産業者がついて代理として交渉を行う。対して日本では不動産仲介業者が買い主と売り主をつなげ、両者から手数料を得る。住宅の購入を検討している人を対象に国交省が行ったアンケート調査では、中古住宅を選ばない理由として「新築のほうが気持ちがいい」「新築のほうが思いのままになる」といった気持ちの面に次いで、「問題が多そう」「欠陥が見つかると困る」といった構造や性能への不安が挙がった。一生に一度かもしれないほど大きな買い物でありながら、躯体や床下など重要な部分の性能は外側から判断できない。インターネットで少し調べれば、新築でも欠陥住宅をつかまされて嘆いている体験談がすぐに出てくる。ましてや中古となれば築年数の分だけ不安は増す。そうした状況では中古市場はなかなか発展していかないだろう。

すごろくの上がりの先

2025年には団塊の世代がすべて後期高齢者となり、2030年以降は毎年160万人以上が死亡するとされる多死社会が訪れる。そして亡くなった人の数だけ相続が発生する。核家族で育った団塊ジュニアたちにとって、成長したら自分も独立した世帯になるのは自然な流れだ。生まれ育った家を出て、単身あるいは家庭を築いて賃貸なり分譲なり自分自身の住まいを手に入れる。実家を相続したところですでに住む場所があり、今さら戻る理由はない。そうして生まれるのが〝なんとなく空き家〟だ。

住宅すごろくの上がりの戸建てとは、父にとっては幸福な人生の〝トロフィー〟であり、母にとっては子どもたちを育て家事をこなした〝城〟であった場所だ。それゆえに当人たちも子ども世代も軽々に処分を決められない。国交省が2022年に行った「土地問題に関する国民の意識調査」では「あなたまたはあなたの親や家族は、現在または将来の土地や住宅の相続について対応されていますか」という質問に対して「何も対応していない」と答えた人の割合が60％。世代別に見ると団塊ジュニアの半数が含まれる40～49歳で最もこの割合が高い。親子で「この家、どうする？」という話ができていない状況が浮かび上がってくる。

他方、現在では〝持ち家信仰〟は徐々に解体されつつある。同調査では「土地・建物を所有したい」とする回答は年を追うごとに微減傾向にある。これは「欲しくない」というより「買えない」という側面もあるはずだ。新築戸建の平均価格は２０２２年には約４２００万円まで上昇し、過去20年間で最も高くなった。東京23区では新築マンションの平均価格が伸び続け、２０２３年１～６月にはついに１億円を突破。こちらも１９９０年度以降で過去最高を更新した。

いずれも建築資材や住宅設備などをはじめとした建設費高騰の影響が大きい。景気は拡大しているといわれても給料は上がらず、物価高で日々の生活も苦しい中で若者にとって新築を購入するなど土台無理な話だ。２０２２年の同調査では「借家で構わない／借家が望ましい」と回答した18～29歳が28・５％と、他の世代よりも高い結果が出ている。祖父母のように「がんばればいつかは家が買える」と夢すら見ないのは当然だろう。

住宅すごろくは、人口が増え続け、経済が拡大の一途をたどった成長期に成立した期間限定の〝理想〟だった。しかし渦中にあるときは誰もそう捉えず、いつか終わりが来るとは想像だにしなかった。時代は変わり、今、上がりだったはずのマスの先に駒はどんどん進んでいっている。上がりは上がりではなかった。夢見た生活を手に入れた先にも人生は続き、家はそこにあり続け、やがて712万戸の空き家になる。

8月の暑い日、鳩山ニュータウンでは年に一度の夏祭りが開かれていた。コロナ禍で中止が続き、4年ぶりの開催だという。巣立っていった子どもたちが孫を連れて帰省してくるとあって、この日ばかりは街が賑《にぎ》わう。それまでに何度か取材で訪れたときとは打って変わって人通りが多かった。

シャッターを閉めた店が並ぶメインストリートで、小学生たちが子ども神輿《みこし》を担いで練り歩く。その後に続く大人たちの本格的な神輿はときおり荒々しく上下左右に揺さぶられ、沿道から歓声が上がった。「魂振《たまふ》り」と呼ばれるこの習わしには、神体を揺り動かすことで活力を失った魂を再生するという意味が込められている。神輿に託された祈りのように、この街は再生できるだろうか。久しぶりの光景を見つめながら荒木さんは「子どもの声が聞こえるっていいね」と涙をこぼした。

第3章

〝2つの老い〟に追い詰められるマンション

1億1800万円で解体された廃墟マンション

2020年1月、日本の住宅史に残るであろう大きな出来事が起きた。国内で初めて行政代執行によるマンションの解体が行われたのだ。

対象となったのは滋賀県野洲《やす》市の「美和コーポB棟」。1972年に建てられた鉄骨3階建て・全9戸の小ぶりな建物は解体の10年ほど前から無人になっていた。誰もいなくなったマンションは劣化が進む。2012年には上階の廊下の手すりが外れてぶらさがり、階段も崩落して見るからに危険な状態になる。野洲市は区分所有者に改善指導書を送付したり、連絡がついた数名と協議を行ったりと対応を試みるが事態は改善しない。2018年6月には大阪府北部地震の影響で県道に面した外壁がすべて崩れ落ち、室内に捨て置かれた家具や家財があらわになった。

同年8月、市が行った調査で、むき出しになった鉄骨の吹き付け材から基準値をはるかに上回るアスベストが検出される。市がすぐさま自主解体を求める所有者説明会を開催すると9人中7人が集まった。その場では全員の賛同が得られたが、マンションの所有権を定める区分所有法では解体や建て替えには所有者数の5分の4の賛成が必要とされており、欠席者は「反対」に数えられる。結果、解体の決議には至らなかった。

市はその後、空き家対策特措法に基づき特定空き家に指定。行政代執行による解体に踏み切った。かかった費用は1億1800万円に上る。各所有者に納付命令書を送付しているが欠席者2名のうち1名は長らく所在不明になっており、全額回収のめどは立っていない。現在も7900万円が未回収のまだ（2021年10月時点）。

都内のマンションの17・4％は「管理不全の兆候あり」

この出来事は全国の自治体やマンション管理関係者を震撼《しんかん》させた。2040年には全国のあらゆる都市に廃墟化したマンションが林立する――そんな未来予想が現実味を帯びたからだ。

国交省の調べによれば、2022年末時点で築40年以上のマンションは全国で約125・7万戸に上る。これは全マンションの20％近くにあたり、10年前の29・3万戸から4・3倍に増加した。今後も増え続け20年後には現在の約3・5倍に増加する見

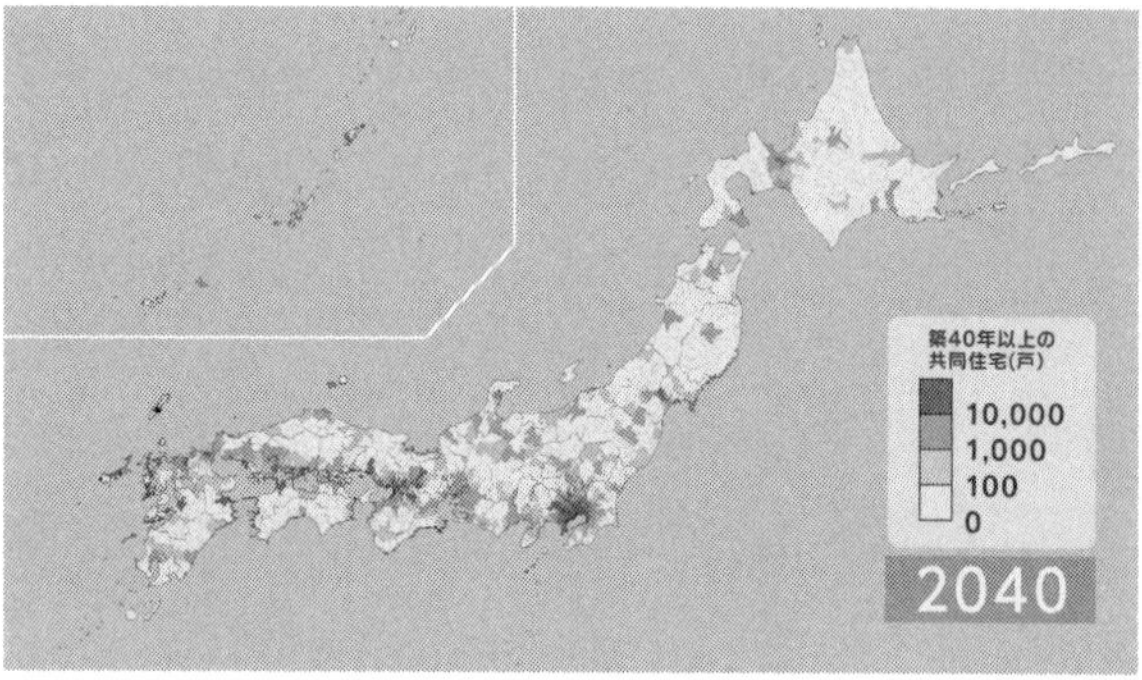

図８　〝高経年マンション〟予測マップ（2040年）

画像提供：NHK

込みとなっており、その数は４５０万戸近くに迫る。番組では、そうしたマンションが全国で今後どのように増えるかを予測する２０４０年時点の「〝高経年マンション〟予測マップ」を独自に作成した（**図８**）。すると、２０４０年には首都圏の８自治体で３万戸超、近畿では5自治体で2万戸超になることが判明。そのほかにも札幌市や福岡市といった県庁所在地を中心に、18の自治体で1万戸を超えるという試算結果になった。

築40年が目安になるのは、給水管や排水管などの設備の耐用年数が一般的に40年程度であることが理由の1つだ。鉄筋コンクリート造の寿命は100年ともいわれ、築40年を境にすべてのマンションが老朽化するわけではないが、建物を維持するためには長年にわたるこまめな管理や修繕が欠かせない。

ところが、築年数の古いマンションほど管理が行き届いていないのが実情だ。日本で最もマンションの戸数が多い東京都では、1983年以前に建てられたマンション約1万2000棟に対し、管理状況の届け出を義務付けている。届け出のあった1万440棟中、「管理組合の設置／管理者（管理組合理事長等）の設置／管理規約の存在／組合総会の年1回以上の開催／管理費の徴収／修繕積立金の徴収／大規模修繕工事の計画的な実施」という7項目のうちいずれかが「ない」「いない」と回答した物件は1811棟で17・4％に上った。

こうした7項目はマンションを維持管理するための必須項目として東京都が定めたものだ。この調査で最も多く「ない」という回答が集まったのは「大規模修繕工事の計画的な実施」（11・1％）、次いで「組合総会の年1回以上の開催」（7・3％）となっている。一般に分譲マンションでは各部屋の所有者全員で組織する管理組合があり、建物の管理運営を行う。所有者は管理費と修繕積立金を毎月支払わねばならず、前者は共用部分の光熱費やちょっとした不具合の修理費、組合の運営費などに使われ、後者は大規模修繕工事、つまり建物の躯体の補強や給排水管の補修、外壁の塗り直しなど、文字通り日頃はできない大掛かりな修繕に備えて積み立てていく。国交省のガイドラインなどでは大規模修繕は12〜15年に一度の周期で行うことが理想とされる。にもかかわらず、東京都のマンションのうち2000棟近くが40年間で一度も実施したことがないのだ。

都ではこうしたマンションを「管理不全の兆候あり」としている。管理状況の届け出を行っていないマンションも1500棟近くあることを考慮すると、管理不全マンションはさらに多い可能性が高い。

天井が割れ、鉄筋がむき出しになった階段

管理不全が進むマンションではどんなことが起きるのか。東海地方にある築38年のマンションを訪ねた。

大勢の利用客で賑わう最寄り駅から10分も歩かないうちに建物が見えてくる。5階建てのどっしりとした外観はごくありふれたマンションのようだが、近づくと徐々に状態の悪さが伝わってきた。外階段には雨だれの跡が濃く残り、日当たりが良いはずなのにエントランスはどこか薄暗い。敷地内にはお菓子の袋のごみが捨てられている。

「これはクラックですね。コンクリートは長年経つとひび割れが出てくる」

マンション管理士の木村幹雄さんがそう言って指差す先には、大きな裂け目があった。マンションの工法として多用される鉄筋コンクリートはメンテナンスが行き届かないと中の鉄骨がさびて膨張し、覆っているコンクリートを押し出して破裂させる。そうしてひび割れた箇所から雨水が侵入し、ますますさびが進む悪循環に陥ってしまう。このマンションでは外壁のあちこちにひびが入り、住人が行き来する階段の天井部分も大きく割れていた。

「鉄筋がむき出しになっていますね。頭なんかに落ちますと怪我をすることもあって非常に危ないです」

床を這《は》うひびに沿って水分が染み込んだ共用廊下を進むと、木村さんが「見てもらいたい」というエレベーターがあった。灰色の機体は全体にさびが浮いて汚れ、床と接する部分は欠けている。破片が辺りに散乱していた。

「エレベーターは年に一度、必ず法定点検をして整備しないといけないんですが、やっていなかった。非常に危険な状態だということで止めています。もう7〜8年は動いていないですね」

建物ができた当時、この地域ではエレベーター付きのマンションは珍しく、人気の物件だった。売り出し時のパンフレットを見せてもらうと「独身ヤング向けの快適なワンルーム中心」と時代を感じさせるキャッチコピーが躍っていた。

「修理もしようがなくて取り換えないといけないんですが、そんなお金はない」と木村さんはこぼす。取り換え工事の見積もりは1600万円。ほかにも外壁の補修や塗装工事が2500万円、屋上の防水工事が450万円、給水システムの改修工事は240万円と、すべての箇所を直すには計5100万円程度かかるといわれている。だがこのマンションでは修繕積立金を一切集めておらず、そうしたことを取り仕切るはずの管理組合も長年存在しなかった。

７年前に住人から依頼を受けて木村さんが管理を請け負ったときは、下水のタンクが壊れて建物内に悪臭が漂っているような状況だったという。その後ようやく管理組合ができ、管理費の中から少しずつ積立をして水道や電気など生活に欠かせないインフラ部分を優先して修繕。今日までなんとか維持してきたが、大規模な修繕には程遠い。

全50戸のうち現在はちょうど半数の25戸が埋まっており、内６戸には部屋を自ら所有する住人が、そのほかは賃貸入居者が暮らす。木村さんは管理組合の総会のお知らせを全国に散らばる区分所有者全員に毎年送付するが、出席率は低い。居住していない所有者は特に建物への関心が薄く、中には管理費を滞納している人もいる。ここから管理費・修繕費の値上げは望むべくもない。１階に住む70代の住人は「年金暮らしで手いっぱいで、とてもじゃないがこれ以上お金を出すことはできない。エレベーターが動かないと上の階の人は困るだろうけど、とりあえず自分は今困っていないから……」と本音を漏らす。

木村さんに管理を依頼する住人がいたということは、マンションの状況に危機感を覚えている人はいる証左だ。しかしそれ以上に積極的な姿勢は見えてこない。住人同士の交流はほぼなく、取材中に行き合う人にあいさつをしても返ってくることはなかった。カメラを持って生活空間に入り込んできた人間に対する警戒心と同じくらい、自室の外で人とコミュニケーションをとりたくないという思いを感じた。

木村さんも80歳になり、日々の管理作業が体に響くようになってきた。いつまでこの業務を続けられるかわからない。

「管理不全マンションの現状はこんなに危険なんだと、たくさんの人にわかってもらいたい。これからこういうマンションはどんどん増えていきます」

そう訴える声は切実さを帯びていた。

「入居当初は修繕積立金なんてなかった」

一方、これまで管理に取り組んできたマンションでも限界を迎えるところが増えている。

「管理費が月に1万円、修繕積立金が3000円。本当はこの倍ぐらい欲しいんですけど、今みなさんほとんどが年金暮らしで収入が少ないので、おそらく今後これ以上値上げするっちゅうことは不可能だろうなと思っています」

そう説明するのは、熊本県熊本市の中心部に建つマンションで管理組合の理事長を務める77歳の古川憲生さんだ。築50年のこのマンションでは、全48戸の所有者の平均年齢が76歳に達した（2022年時点）。

ここも先のマンションと同様に分譲開始当初は管理組合がなかった。当時から住む女性は「最初は修繕積立金というのはなかった。管理のことなんか知らないもん」と振り返る。その後、組合をつくって自主管理を行ってきたが、住人同士の交流は薄いままだった。やがて築30年を過ぎる頃には大半が年金暮らしに突入。同時進行で建物は容赦なく古びていった。最近では年に2回は排水管に不具合が生じ、水が漏れて床をびしょびしょに濡らす。

「こういう破片がいっぱい落ちているでしょう。上から落ちてくるんです」と古川さんが指し示すのはコンクリートのかけらだ。剝がれ落ちた天井の一部が非常階段の踊り場に転がっている。案内されて歩くうちに、ひび割れた部分を埋めたり剝げた塗装を塗り直したりした箇所があちこちにあることに気付いた。15年前に理事長になって以来、古川さんが自力で細かな修繕を繰り返してきた奮闘の跡だ。管理会社に委託する費用を節約するために日々の掃除も自ら行っている。

とはいえ個人でやれることには限りがある。鉄骨の非常階段は元の白さを失い、さびて赤茶けていた。踏み板の一部は足で踏むとぐらつく。屋上に出る扉部分を支える鉄柵の根元も劣化し、古川さんが応急処置として巻いた細いロープが補強しているありさまだ。耐震化工事も行われておらず、2016年に発生した熊本地震はなんとか乗り越えたものの、次に同規模の地震が起きた際には危険が予想される。劣化部分の補修や耐震工事には6000万円以上かかるが、古川さんは「うちのマンションで積み立てた資金が1500万円くらいしかないもんですから、もう到底無理なんですよ」と嘆く。現在の月3000円では年間で貯められるのは172万8000円。必要額には遠く及ばない。車椅子を利用する住人女性は「できれば建て替えをお願いしたいんだけど、お金が相当いるけんね。その間、引っ越さないといけないし、ちょっとどうしたらいいか考えつかない。老人ホームも高いしねぇ」と難しい顔を見せた。

この日開かれていた理事会では理事の1人が退任を発表した。「本当に長い間、何もせんで……申し訳ない」とあいさつをする女性は94歳だという。後任探しは難航し、最終的に80代の住人に頼み込んでなんとか引き受けてもらうことになった。組合の運営も限界が近いが、今後マンションをどうしていくのか、しっかりした議論はできていない。古川さんは苦悩と寂しさが入り混じる表情で語る。

「ご高齢になるとローンが利かないし、仮にここを100万、200万で売ったたって次の住まいの頭金にもならない。年金暮らしでお年も召されとるから新たなマンションに移ることは不可能です。私が元気なうちは管理をやっていきますけど、あと5年もつか、10年もつか……もうちょっと現状維持でいかないと仕方ないのかな」

取材を終えて東京に戻って数日後、古川さんから話を聞いた。住人が非常階段を歩いていた際に床が抜けて階下に落下したという。幸い怪我はなかったそうだが、一歩間違えれば大事故につながっていたかもしれない。変色した非常階段を思い出し、暗《あん》澹《たん》とした気持ちになった。

いずれ出ていくはずの場所が終の棲み家に

今回、『ＮＨＫスペシャル』に先駆けて『クローズアップ現代』（２０２２年10月18日放送「〝老いるマンション〟　老朽化と高齢化にどう備えるか　解決策は」）や『あさイチ』でマンションに関する悩みを募集したところ、ここでもお金に関するものが多く届いた。

「修繕積立金の値上がりが決定したが、今後も値上がりが続きそうで不安」

「計画通りに修繕を行うと修繕費が足りない」

「いずれ年を取ったら修繕積立金などを払い続けられなくなるかもしれない」……

取材を始めた当初、なぜ分譲マンションがこんな状況に陥っているのかすぐにはわからなかった。まがりなりにもマンションを所有する人たちであり、一定程度のお金は持っているはずだ。福祉の手を必要とするような困窮状態にあるわけではない、いわば〝普通〟の市井の人たちがどうして当事者になってしまうのか。この背景を紐解いていくと、再び「住宅すごろく」に行き当たった。

戦後、富裕層向けからスタートした分譲マンションブームは、１９７０年に住宅金融公庫（現・住宅金融支援機構）による民間分譲住宅の個人融資がスタートしたことなどを契機に一般向けに裾野を広げる。全国でマンション販売が本格化し、1974年には新築マンションの供給戸数が12・3万戸と初めて10万戸を突破した。

この頃、マンションの将来を考える意識は低く、管理組合の必要性に対する理解も広がっていなかった。なぜなら分譲マンションは住宅すごろくにおいて庭付き一戸建てという〝上がり〟の1つ手前のコマに過ぎなかったからだ。戸建て購入に向けて貯金をするために管理費や修繕費はできるだけ安いほうがいい。いつか出ていく場所だから濃密な近所づきあいも別にいらない。家の扉を閉めれば完結する生活でいい。若い区分所有者の大半はそう考えていた。だから先の2つのマンションはいずれも管理組合がなかったのだ。1990年頃までは多くのマンションで、修繕積立金は管理費の10％程度だった。その後に長期修繕計画を立てて積み立てを行うという考え方が広がり、一定期間で徐々に値上げする段階増額積立方式が主流になる。これも年功序列賃金の中で年収のピークを迎えるであろう50歳頃まではマンションを出ていくことを前提にしたモデルになっていた。

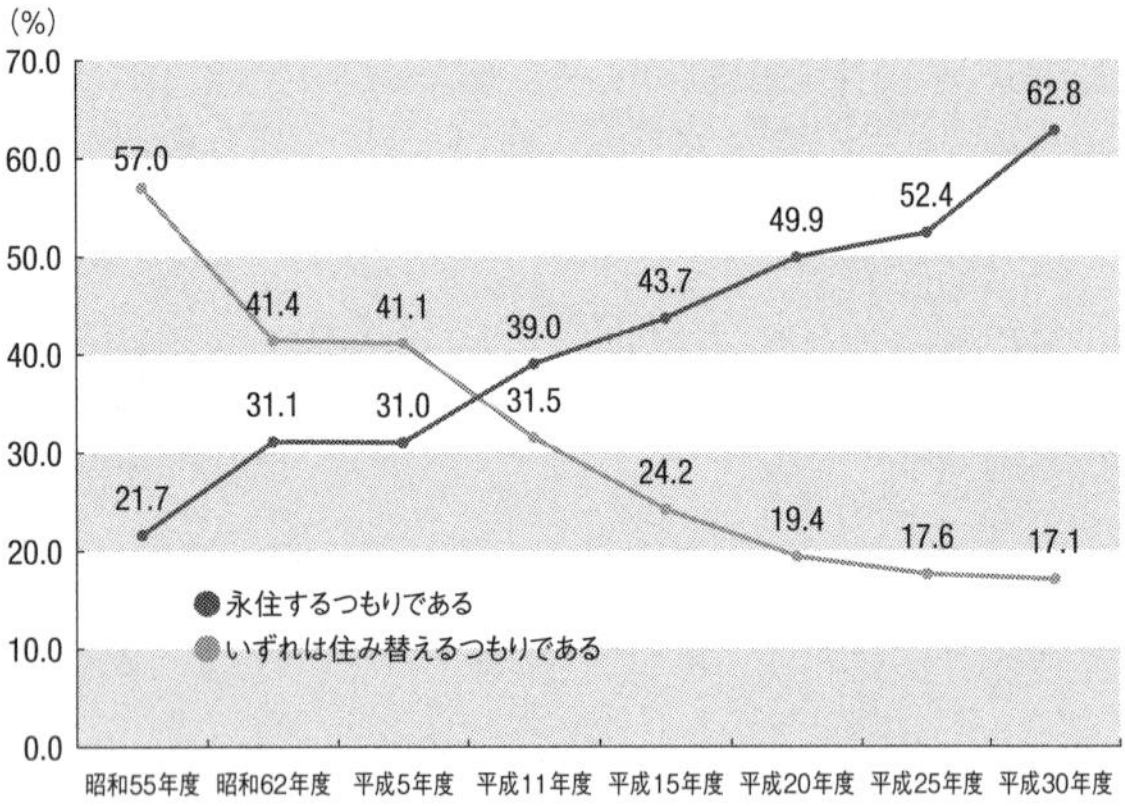

図９　マンション居住者の永住意識の変化
出典：平成 30 年度　マンション総合調査（国土交通省）

ところが、通過点だったはずの家は今や終の棲み家になった。国交省の「平成30年度　マンション総合調査」によると、１９８０（昭和55）年には全国のマンションの区分所有者のうち「永住するつもりである」とした世帯は21・７％だったが、２０１８（平成30）年には62・８％まで上昇（**図９**）。それを裏付けるように、年齢別で区分所有者を見ると１９９９年には60歳以上の世帯主は25・７％だったのが、２０１８年には49・２％になっている。そして総務省が行った「平成25年度　住宅・土地統計調査」では、60歳以上のみの世帯の割合は１９７０年以前に建てられたマンションで52％、

1971～1980年に建てられたマンションで48%を占める。

現在、全国のマンションにおける修繕積立金の平均額は1戸あたり月1万2268円だが、この10年は資材費の高騰に加え人手不足から人件費の上昇が止まらず、建築工事費が上がり続けている。また、全国のマンションで長期修繕計画を作成している管理組合のうち、現在の修繕積立金の積立額が計画上の数より不足しているマンションは34・8%。そのうち「20%以上足りない」とするマンションも15・5%に及ぶ。

先の2つのマンションの住人から「年金暮らし」という同じ言葉が出ていたように、仕事をリタイアし、年金のみが主な収入源になれば生活は以前より苦しくなる。段階増額積立方式では年を追うごとに修繕積立金が値上げされるが、減った収入の中から捻出するのは大変だ。建物が古くなれば想定外のトラブルも生じやすく、費用がかさむ。管理費・修繕積立金を3カ月以上滞納している住戸があるマンションは全国で24・8%に上るが、築年数が古いマンションほど割合が高くなる傾向にある。

これらのデータを重ねて浮かび上がるのは、古いマンションほど高齢世帯が多く資金不足で管理が行き届かないという、取材で目にした現実そのままだ。全国のあちこちのマンションが同じ状況に陥っていることが数字の面でも明白になった。これは同時に、今マンションに住んでいる誰にとっても他人事ではなくなる可能性が高いことを示している。前出の国交省の調査では56・3％の管理組合が「老朽化についての対策の議論を行っていない」と回答した。

建て替え済みマンションが300棟に留まる理由

国交省の調査に「永住するつもりである」と回答した高齢世帯の中には、「ここに住み続けたい」という積極的な人だけではなく「ここしか住むところがない」と考えている人も含まれるはずだ。高齢者にとって住み替えはハードルが高い。老朽化したマンションを売っても新たな家を買う元手には足りず、近年よく報じられるように賃貸への入居は年齢を理由に断られる。住み慣れた環境を変えることへの不安も大きいだろう。独立して暮らす子どもがいたとして、双方がすんなりと同居に同意するかといえばそうもいかないことは想像に難くない。

あるいはマンションを再生するには建て替えという手段があるが、ここでも費用の壁が立ちはだかる。

これまで国内で建て替えが実現したマンションの大半は都心の一等地など好立地の物件で、かつ建築容積率にも余剰があった。容積率とは、土地の広さに対して建築できる建物の床面積の割合を指す。1000平方メートルの土地の容積率が300％の場合、延床面積最大3000平方メートルまでの建物が建てられる。もともと建っていたマンションの床面積が2000平方メートルだったなら、建て替え時に1000平方メートル分を増床できる。増やした分を新たな住戸として販売することで建て替えにかかる費用をまかなうというわけだ。

それほど恵まれた条件にある物件は少ない。建て替えに成功した事例が国内で300棟程度しかないという事実はそれをよく示している。今後老朽化するマンションは最初から容積率いっぱいに建てられていることが少なくなく、同じ方法は取れない。近年建て替えたマンションでは1戸あたり平均2000万円近い費用負担が発生している。

加えて、建て替え中は住居を移さなければならない。仮住まいにかかる費用および

2度の引っ越し代が発生する。修繕積立金や管理費の捻出にすら苦労している住人に支払えるかといえば、現実的には厳しいだろう。

住人同士の合意形成も困難を極める。マンションに関する調査・分析を行うマンションみらい価値研究所の久保依子所長は「建て替えをめぐって住人の間で意見が割れて、10年も20年も揉めている事例はたくさんある」という。建て替えには所有者個人のライフプランが大きく関わるからだ。高齢者ならばどの程度の資産が残っているのか、この家を誰に相続させたいのか、最期はどこで迎えたいのか。同じマンションに住んでいても事情はそれぞれに異なり、極めてプライベートなことだけに隣近所の他人に共有しづらい。腹を割って意見をすり合わせるのは一苦労だ。

国会ではおよそ20年ぶりとなる区分所有法の大きな改正が進んでいる。目玉の1つが、建て替えや修繕に関する決議の多数決要件の変更・緩和だ。建て替えの決議に必要な同意の割合は現行法の「所有者の5分の4」から「4分の3」へ引き下げることが検討されている。併せて、こうした決議の際には所有者全員が参加しなければならないとされているのを、集会出席者だけで決めることができるように改正する案も提出されている（2023年10月現在）。円滑な合意形成に向けて有効そうに思えるが、法制審議会の一員として区分所有法の審議にかかわる横浜市立大学の齊藤広子教授は懸念を示す。

「決議要件が下がると決議はしやすくなるかもしれませんが、大事なのは反対している4分の1の方々をどうするかです。『建て替え資金を払えないから同意できない』という方たちの行き先を一緒に考えなければならない。全員が納得しなければ実際には前に進まないという意味では、決議はあくまでスタートであってゴールではないんです」

認知症、孤独死……もう1つの〝老い〟

マンションが終の棲み家になり、住人の高齢化が進むことで生じるトラブルは建物に関するものだけではない。築40年を超えるマンションの管理組合の4分の1が「高齢者・認知症の方への対応でトラブル」を経験している。マンションみらい価値研究所が実施したマンション管理員へのアンケートでも「認知症及び認知症の疑いのある方の対応をしたことがある」という割合は約27%に上る。その内容で最も多かったのは「同じ話を何度も繰り返す」（70%）で、以下「徘徊《はいかい》」（52%）、「指定日以外のごみ出し、ごみの散乱」（35%）、「自分の部屋に戻れない」（31%）と続く。

後半の2つは特にマンションならではだ。近年はごみの分別が細分化されているが、認知機能が低下すると判別が難しくなる。マンションの住人や管理人から「今日はそのごみの日じゃないですよ」と注意されたのをきっかけに怖くなってごみ出しができなくなり、部屋に溜め込んでしまう人は珍しくない。より深刻化するとそこから火が出てボヤ騒ぎに発展することもある。自分の部屋に戻れないのは、すべてのドアが同じ色と形をしていて見分けがつかないためだ。どうにか帰ろうと、全部屋のインターホンを押して回る人もいるという。オートロックも鬼門だ。

あるマンションでは一人暮らしをしていた70代の女性が行方不明になった。管理者の男性は「以前お会いしたときは近所をふらふら歩いていて、もしかしたら認知症みたいなことだったんじゃないでしょうか」と振り返る。警察へ連絡して行方を捜しているが、今も見つかっていない。部屋には家具や荷物が残ったままだ。

認知症の住人の存在が与える影響は近隣トラブルだけに留まらない。繰り返しになるが、現在の区分所有法では管理組合が物事を決める際、集会を欠席した人は反対に数えられる。行方不明者や認知症で意思表示ができない住人がいると決議がしづらくなるのだ。警察庁によると、認知症やその疑いがあり、徘徊などで行方不明になったと届け出があったのは2022年の1年だけで全国で1万8709人。統計を取り始めた2012年から毎年増え続け、10年間でおよそ2倍になった。今後も増えることが予想される。

そしてもう1つの大きな問題が孤独死だ。東京23区では65歳以上の孤独死が2003年から2018年の15年間で1441件から3867件と一挙に増加した。全国的な統計はとられていないが、同じような状況が広がっているだろう。

「最近見かけないなっていうのと、管理費を滞納していて、ちょっとおかしいなと。部屋を訪ねていったら通気口から虫が出入りしているんです。それで郵便受けの扉を開けたら虫がワーッと出てきた」

3年前、80代の男性の孤独死が発生したマンションで、当時管理組合の理事長を務めていた住人はそう語る。消防と警察に連絡して部屋に入ると遺体はすでに白骨化しており、死後3カ月が経過していた。同じ階の住人は誰も異変に気付いていなかったという。

「独居老人で世間とのつながりがないから、窓を閉めて密封されたら気が付かない。玄関を閉めたら関係は終わり。人とのつながりがないことがやっぱり一番のネックでしょうね」

このマンションは住人の5分の1が高齢者の一人暮らしだ。また同じことが起きる可能性はある。取材を続ける中で、ここ以外でも「孤独死が起きた」という話は本当によく耳にした。もはや珍しいことではなくなっていると実感する。国交省が2021年に制定したガイドラインによれば、心理的瑕疵《かし》物件、いわゆる事故物件の定義は「自死や他殺（自然死または不慮の死以外）が起きた場合」と「特殊清掃等が発生した場合」となっている。つまり高齢者が自室で自然死していた際、発見が早く特殊清掃を入れずに済めば事故物件にはあたらない。しかし交流のないマンションでは気付かれにくく、事故物件になってしまいやすい。

孤独死の発生は思わぬ形で後を引くこともある。警察に連絡して遺体を引き取ってもらった後、部屋を含むその後の処理を依頼するべき親族がいなければ最終的に管理組合が遺品の整理などをせざるを得ない。相続人が見つからない、あるいは見つかっても全員が相続放棄するケースは増えている。新たな所有者が見つからないと管理費は滞納状態が続き、総会の決議にも支障が出るため、管理組合が相続人を調査したり相続財産管理人制度を利用したりして対応する必要がある。法律知識が必須のため弁護士や司法書士に依頼することになるが、その費用も管理組合が支払わねばならない。隣近所との関わりがない気楽さがメリットだったはずが、話したこともない隣人の死が自身の持つ財産の価値や支出に大きな影響をもたらすのだ。

最大の敵は「無関心」

全国のさまざまなマンションを取材する中で感じたのは、不動産業界も住人も行政も薄々気付きながら、老朽化と高齢化という〝2つの老い〟の問題を先送りにしてきた現実だ。

新しいマンションを建てて売ることに注力するデベロッパーにとって、売った商品がその後古くなってどうなろうが与《あずか》り知らない。また、不動産業界で老朽化について触れることは長らくタブーだった面もある。ある物件が老朽化していると知られてしまえば、中古市場での価値が落ちるからだ。それは区分所有者にとっても同様で、15年前に『クローズアップ現代』でこの問題を取り上げた際には、取材に応じてくれる当事者を探すのにとても苦労したという。だが、もはやそんなことを言っていられる状況ではない——今回取材に協力してくれたのはそうした危機意識を持った人たちだった。

一方で区分所有者や住人は、マンションが他人と私有財産を共有して成り立つものであることに注意を払ってこなかった。部屋を持つ限り、修繕や管理をめぐって他の所有者たちとお金の話をすることは避けられない。1000戸を超えるような大規模マンションになれば管理費だけで年間数億円、大規模修繕では10億円を超えるような工事費について折衝するわけで、小さな会社よりもよほど大きなお金と人数が動く。しかし購入の際にその点を考慮する人は少ない。東京都の調査では、区分所有者がマンション購入時に重視したポイントは「立地」「販売価格」「間取り・方角」の順に高く、「管理費・修繕積立金の額」や「維持管理に対しての配慮」等の管理に関する事項はあまり重視されていないという結果が出ている。

今回、マンション管理関係者たちの口からよく聞かれたのが「最大の敵は〝無関心〟」という嘆きだ。あくまで自分の持ち物は自分の部屋のみで、共用部分を含めた管理は関知しない。そんな認識の区分所有者は少なくないのだという。「自分が生きている間もってくれればいい」といった言葉を高齢住人から告げられることもたびたびあるそうだ。この家に住むしかないのだから、とりあえず一日一日が平穏無事に過ぎていけばそれでいい、と。

管理組合の活動に参加すること自体を億劫がる人は多い。「平成30年度　マンション総合調査」では、現在は役員を務めていない区分所有者のうち「役員への就任要請があったら快く引き受ける」と回答した人は14・3％に留まる。そして同調査で管理組合の役員を引き受けない理由として最も多かったのは「高齢のため」だった。多くのマンションの管理組合が高齢化による役員のなり手不足に悩む。

なお、マンションでは所有者たちが自ら管理する自主管理のほかに、管理会社などの専門家に管理を委託する方式がある。全面委託をすれば日々の管理業務を業者に一任することができ、住人の負担は大幅に減る。近年販売される新築マンションではデベロッパーが選定した管理会社に全面委託するのがセオリーだ。ただ、その体制が恒久的に続くとは限らない。管理会社から値上げを通告されたり契約の更新を拒否されたりする老朽マンションは増加している。

そして行政の対応も迅速とは言い難い。私有財産ゆえに深く立ち入ることができず、その動きは現実を後から追いかけるものになっている。1962年に成立した区分所有法は通称「マンション法」といわれるが、対象にはオフィスビルや商業店舗も含む。初めて「マンション」が法律用語として登場したのは2000年のことだ。1990年代にマンション管理業者の倒産が発生し、修繕積立金などが債権者に差し押さえられたことから管理を委託していたマンションの組合が提訴。これをきっかけにマンション管理を取り巻く状況が耳目を集める。こうした流れを受けて「マンションの管理の適正化の推進に関する法律」（以下、マンション管理適正化法）が制定された。国家資格としてマンション管理士を新設すること、国や地方自治体の支援体制を整備することなどが主な内容で、国交省にはマンション管理対策室が設置された。高度経済成長期のマンション建設ラッシュからすでに30年近くが経過していた。

動きの遅れは現在まで尾を引き、実務に大きな影響を及ぼしている。鹿児島県のマンション管理組合をとりまとめるNPO法人鹿児島県マンション管理組合連合会の有薗修一郎理事長は「老朽化に悩むマンションは、どこに相談したらいいか困っていることが多い。中立的に相談できるのは行政だが、相談支援を行っているところとそうでないところがある。特に地方都市ではマンションの専門的な知識を伴った担当を置いていない行政もあり、自治体間の格差が大きい。国の支援策があっても、現場が追いついていない状況も多々ある」と憤りをまじえて語った。

50年の先送りの果て

「このままで大丈夫だろうか」と思った住人がいても「声をあげたら管理組合のさまざまな業務を任されてしまうのでは」と躊躇《ちゅうちょ》し、業界も新築マンションを建てて売るという至上命令の中で見て見ぬふりをしてきた。行政も、街の人の流れを変えるほどの影響力を持つことすらある居住形態にもかかわらず、財産権保護の名目のもとに公共性の枠組みでマンションを捉えてこなかった。久保所長は「今建てているものが50年後にはどうなっているか、売り手も買い手も行政も誰も考えないまま『50年はもつ』という謳《うた》い文句のもとにマンションが売られてきました。今、その50年後を迎えているのです」と指摘する。

本章に登場したマンションの状況はまだましだといえるのかもしれない。リサーチで足を運んだものの取材の許可を得られず撮影を諦めた中には、もっとひどい状態の物件もあった。ベランダも非常階段もさびにまみれ、そこかしこが崩落して壁からは水が垂れ落ち、あちこちに鳩が巣を作ってフンを落としているようなマンションをいくつも目にした。気にするようになると、どんな街にもそうしたマンションがあるとわかってくる。滋賀県の例のように行政代執行で解体されるマンションは遠からず再び現れる予感がした。

そんな状況でも新築マンションは建ち続ける。２０１０年以降、マンションの新規供給戸数は落ち着きを見せているがそれでも毎年10万戸強が竣工《しゅんこう》する。第2章で述べた通り、すでに日本の総住宅数と総世帯数のバランスは逆転して完全な家余りを起こしている。このままでは目の行き届かない老いたマンションは増え続ける一方だろう。荒廃した建物があちこちに取り残されていれば周辺の環境や治安は悪化してしまう。問題の根も、それが招く結果も、空き家問題とほとんど同じだ。

1970年代以降を生きてきた多くの日本人にとってマンションは風景の一部であり、当たり前のようにそこにあるものだった。戸建てと違って古びたり時代遅れのつくりになったりすることもなく、終わりのない建物のように思えていた。だが人工物である以上必ず古び、やがて終わりを迎える。そして住宅すごろくによって同時期に住み始めた住人たちも老いていく。人も建物も幸福な最期を迎えるために、マンションの終活に取り掛からねばならないフェーズに私たちは突入している。

第4章

子どもたちの世代にツケを残さないために

ここまで本書では日本で進行している住まいの老いとその背景をレポートしてきた。長い時間をかけて積み上がった問題を解決するのは容易ではないが、まだ諦めるには早い。今のうちに手を打てば未来は変えられる。ここからは、動き出した解決策およびそのヒントを見ていこう。

年間5000戸を買い取る中古戸建て再販ビジネス

近年、不動産市場で新たな動きが起きている。地方の空き家を流通させるビジネスモデルが登場したのだ。

「売れないと諦めていましたけど、肩の荷が下りたなって感じです」と、ほっとした顔をするのは築50年の実家の処分に悩んでいた男性だ。

「市の空き家バンクに登録していたんですけど、思うように売却につながらなくて。雪国の家なので、冬場の雪による湿気などでどんどん傷みが進むんじゃないかと心配していたんです」

売却先は中古戸建ての買取再販を専門とする不動産事業者だ。地方都市を中心に年間で約5000戸を買い取り、その中には空き家やその予備軍も多く含む。それだけに空き家に関してボトルネックになりやすいポイントを熟知し、所有者の悩みに寄り添った解決策を用意している。

空き家を相続した人は最初に家財道具の片付けでつまずきがちだ。この会社ではそのままの状態でも買い取りを行う。全国に150店舗近い支店があることも所有者にとって心強い。遠方の空き家を持つと「地元の不動産会社の評判がわからない」「売却手続きのために通うのも大変」といった悩みが生じるが、支店ネットワークによって相談や諸手続きを今住んでいる地域の店舗で済ませられる。内覧などで現地での立ち会いが必要なときも、都合がつかなければ鍵を預けて査定してもらうことが可能だ。役所での登記手続きのサポートも行う。

冒頭の男性も今住んでいる家から実家までは距離があった。そこでまずは最寄りの支店へ相談に訪れたところ、空き家のある地域の支店のスタッフに物件を確認してもらうことに。床下など躯体の状態を含めてチェックしてもらい、最寄りの支店に送られてきた写真を見ながらリモートで現地スタッフから査定内容の説明を受け、納得して売却を決めた。

こうして買い取った物件をフルリフォームして中古物件として販売するところまで、一気通貫に手掛けるのがこの会社のビジネスモデルだ。特徴的なのはその価格設定で、平均売価は約1500万円前後。地方都市における新築住宅の相場の半額程度を目安に、初めて持ち家を購入する人をターゲットに据える。それはつまり、子どもが生まれて「そろそろ賃貸から持ち家に住み替えたい」と考え始めた若いファミリーだ。1500万円前後であれば、住宅ローンの月々の支払いは賃貸アパートの家賃と同程度で押さえられる。

フルリフォームの内容も顧客層を意識している。熊本県のある物件では、和室とリビングを襖で仕切った昭和風の間取りから、襖と壁を取っ払ってオープンキッチンのある広いリビングに変更。開放的な空間は現代の子育てに適している。床の間があった場所に位置するキッチン周りにはアクセントクロスを貼り、はやりのインテリアが似合いそうな部屋になった。群馬県の物件では、庭先から玄関までのアプローチが長く段差もあったところをまるごと駐車スペースに改修。広々とした砂利敷きの奥に和モダンな家が建っている。なお、中古住宅でトラブルになりやすい水回りの設備は基本的に新品に交換する。年間500戸というスケールメリットを活かして設備を大量に購入することで廉価な仕入れが可能になっており、リフォームにかかるコストは個人が行う場合の半額程度だ。

ある地域では家財の整理から登記手続きのサポートまで含めて400万〜600万円で一軒家を買い取り、フルリフォーム後に1400万円で売りに出した。販売中の物件の室内で「もともとはこんな感じで、家財整理をする暇もないというのが一番困っているポイントだと伺っていました」と担当者が提示した写真には、布団やちゃぶ台、中身の詰まった紙袋などが所狭しと詰め込まれた古びた和室が写っている。目の前にある、ピカピカのフローリングとツヤのある焦げ茶色の建具で構成された部屋の以前の姿とは信じがたい。ダイニングに移動するとシンクまで真っ白なシステムキッチンが導入されていた。

このレベルの戸建てを新築の半額程度で買えるなら、中古でも気にする人は少なそうだ。別の物件を見学に訪れた28歳の購入希望の男性は「フルリフォームされていた

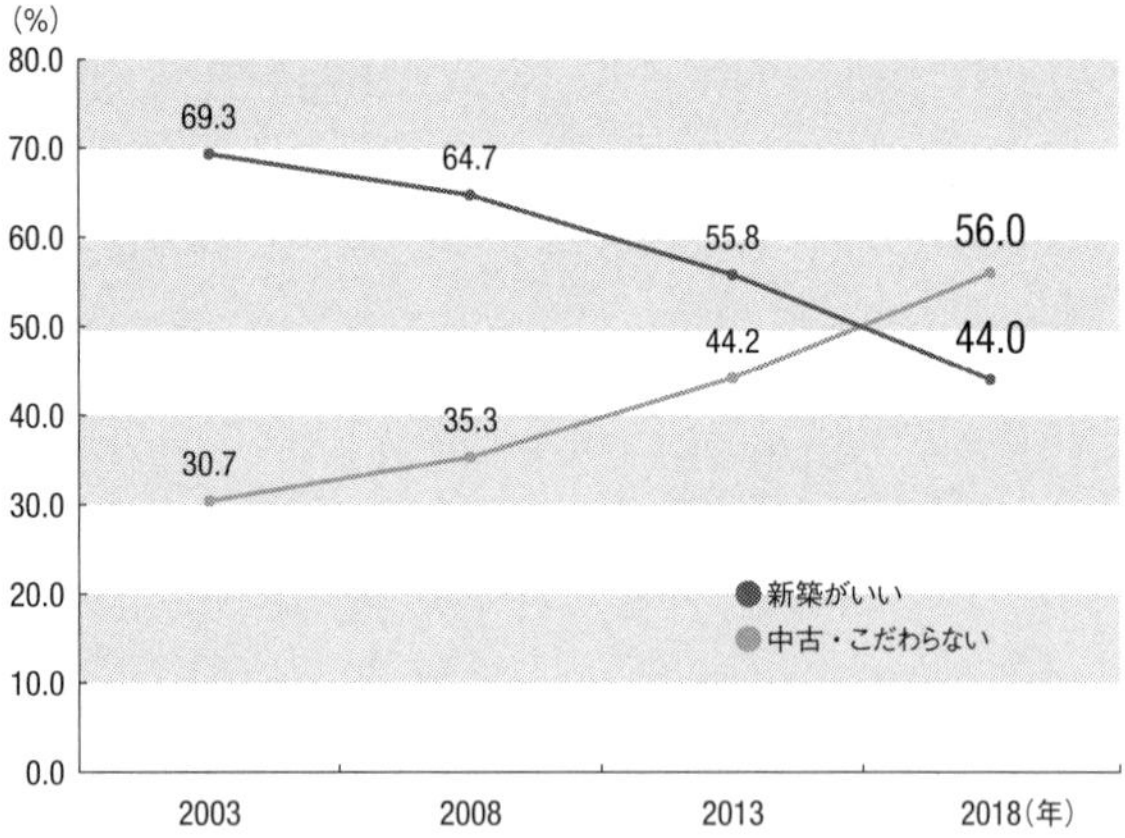

図10　持ち家に対する新築・中古への意識変化
出典：平成30年　住生活総合調査「持ち家への住み替え後の居住形態（現在借家の世帯）」（国土交通省）

ので、正直なところ中古物件だとは1ミリも思わなくてすごくいいなと思いました」と気に入った様子だった。

日本ではかねて新築信仰が篤《あつ》く、それが空き家問題にもつながってきた。しかし今、趨勢《すうせい》は変わりつつある。国交省の「平成30年　住生活総合調査」によると、持ち家への住み替えを検討している賃貸居住者のうち新築住宅を希望する割合が15年前は69・3％だったのに対し、最新の調査では44％まで減少。逆に「中古住宅がいい」もしくは「新築・中古にこだわらない」とする回答は30・7％から56％に増加し、こちらが多数派になった（**図10**）。新築価格の高騰という経済的な理由に加え、この数十年で日本の住宅のレベルが全体に高まったことも影響していると考えられる。生まれたときからきれいな家で暮らす若年層にとって、〝ピカピカの新築〟はかつての日本人が抱いたような憧れの対象ではなくなっているのかもしれない。

国も中古住宅の流通促進にさまざまな支援策を打ち出している。住宅の性能を向上させるリフォーム工事費用に補助金を交付する「長期優良住宅化リフォーム推進事業」や、一定の基準を満たした中古住宅にお墨付きを与える「安心R住宅」などがそうだ。2018年には宅地建物取引業法を改正し、建物の基礎部分などの状態確認を行うインスペクションについての説明を義務化。自治体によってはインスペクションに補助金を交付するところもある。

とはいえ、地方の中古戸建てをメインで取り扱う事業者はなかなか数が増えていかない。都心部のマンションはリノベーションブームも手伝って買取再販が盛んになっているが、戸建ては「そもそも空き家が売りに出されない」というもっと手前の課題が立ちはだかる。〝なんとなく空き家〟所有者の多くは「需要がないから動かしようがない」と考えていて、それが空き家の流動性を大幅に低くしている。だが、案外そうでもないとわかれば、どうだろうか。次項ではそうした思い込みから解放された事例を紹介する。

DIY型賃貸借で築100年の空き家がよみがえる

東京都中央区、タワーマンションが立ち並ぶ足元の路地で築100年の空き家が生まれ変わろうとしていた。第1章に登場した筑前さんが所有する亡き祖母の家だ。相続から2年、空き家になってから20年が経ち、ようやく解決の道筋が見えてきた。

どこに相談しても売却を勧められるばかりで決断できずにいた筑前さんに、地元の不動産会社が提案したのが「DIY型賃貸借」の仕組みだった。通常、中古物件を賃貸に出す場合は持ち主がリフォームを行った上で借り主に引き渡す。筑前さんも当初検討したものの、リフォーム代に1000万円近くかかるとわかり、諦めていた。一方、DIY型賃貸借ではリフォームするのは借り主の側だ。持ち主の許可の範囲で好きに手を加えられる上に、リフォーム代を負担する分、安い賃料で借りられる。国交省でも空き家問題解決への有効な一手として10年ほど前からガイドラインや契約書式例などを公開し、積極的な支援を行っている。

このスキームで借り主を見つけるには、現状の物件のアピールポイントを明確にすることが重要だ。それを探すべく空き家を訪れた不動産会社の担当者たちは建物のディテールに声を弾ませる。

「ベランダの風合いがすごくかわいい。これは残せるといいですね」

「こういう磨《す》りガラスは今は貴重なんですよ。懐かしさがあって素敵です」

「おそらく大正時代の建築物というだけあって外観に趣があるので、古民家風カフェや居酒屋など飲食店で興味を持ってくれるところがあるかもしれませんね」

筑前さんは「そんな部分が評価されるんですね」と頰《ほお》を緩める。ベランダは祖父母との思い出がある場所だ。古くなって安全性に問題があるので使用はできないが、「残したい」と言ってもらえたのがことさらうれしかったという。

「このやり方を提案してもらったとき、最初は『本当にこんなところを借りる人がいるんですか？』って何回も聞いてしまいました」

家の在りし日の姿を知り、それが朽ちていく過程も目の当たりにしてきただけに「こんなボロ家を使いたい人なんていない」と思い込んでいた。第三者の目を通すことで改めて家が持つ価値に気付けたのだ。

それから2カ月後。リフォームが完了した家に上がって筑前さんは「見違えましたね。きれいになりました……！」と感嘆の声をあげた。真新しい畳特有のい草の香りがする室内に入ると、ボロボロだった襖や壁紙が張り替えられている。借り主になったのは外国人向けフォトスタジオを経営する会社だ。幻想的な桜や「富嶽《ふがく》三十六景」の赤富士など、訪日観光客の心をくすぐりそうな図柄が新しい襖に描かれ、部屋を華やかに彩る。他方で昔ながらのトタンの外壁や神棚、ガラスの引き戸など味わいのある建具はそのままだ。この家の雰囲気を気に入ってくれた借り主が、もともとの和の要素を最大限に活かすリフォームを施した。筑前さんが神棚の前で足を止めて軽く拝む。

「本当にありがたいなと思います。これだけきれいに維持して使っていただけるんであれば、あの世に行ったときも母親や叔母たちに『ちゃんとやったよ』って胸を張って言えますね」

そう口にする顔は晴れやかだった。本当にうれしかったのだろう、その日の夜には「涙が出そうでした」とメールまで届いた。

DIY型賃貸借をはじめ、空き家を利活用するための手法は広がりを見せている。

ポイントは、筑前さんのケースのように個人住宅以外の用途への転用だ。よくあるのはコワーキングスペースや高齢者向けグループホームとしての活用で、ほかにはコールセンターやフードデリバリーサービス向けのゴーストレストランといった変わり種もある。所有者は「誰か住んでくれる人を探さなければ」と考えがちだが、空き家を住宅として捉えると使い道は限定される。対して、家はあくまで1つの〝ハコ〟だと発想を転換すれば、どんな中身を入れるか自由に考えることができるようになる。

「ニーズはいろいろありますし、住宅以外の新たな活用方法を提案する事業者も増えています」（空き家活用株式会社・和田代表）

普通の消費財と違って家はただ1人の「欲しい」という人を見つけられればいい。

2023年12月に施行された改正空き家対策特措法では、用途規制も緩和された。その名の通り低層住宅のための用途地域である第一種低層住居専用地域に建つ空き家は、これまでは住宅以外の用途に転用することができなかった。1階が店舗で2階が住居という形が精一杯だったが、今回の改正で各市区町村が定める要件に適合すれば別の用途に活かせるようになったのだ。空き家を単に家ではなくハコとして捉える流れが加速することが期待される。

所有者にとっても思い入れを引き継いで使ってもらえるのであれば満足感が高い。それは同時に、血縁での相続に縛られた固定観念から脱却し、責任を持って使ってくれる人に大切な家をバトンタッチすることを意味する。空き家の存在が地域や街の活性化にもつながっていく。

そして空き家になる前の段階でもこの考え方は効力を発揮する。今、「異世代ホームシェア」が全国各地で広がり始めている。大学などの近くに住む高齢者の家に大学生が間借りをする、昔でいうところの下宿だ。たとえば京都府では「京都ソリデール」と名付けて自治体が両者のマッチングを支援している。空き家予備軍の段階から次世代との縁をつなぎ、地域に開いていこうという試みだ。

鳩山ニュータウンの学生向けシェアハウス

実は今、埼玉県の鳩山ニュータウンでも3戸の空き家がシェアハウスになっている。1つは社会人向け、2つは近隣の大学に通う学生向け。学生向け物件は家賃が光熱費込みで月3万5000円と、近隣のアパートの相場の半額だ。しかも街の公共施設内で月32時間以上アルバイトをすると家賃が無料になる仕組みもある。

学生向け物件のオーナーの1人である杉田真由さんは、親から相続した5LDKの家をどうするか悩んでいた。そんな折、地元の建築設計事務所からシェアハウスとしての活用を提案される。

「気持ち的にすぐに手放すのは大変ですし、市場に出しても売れないいんじゃないかという考えがありました。そのときに、『鳩山ニュータウンは思っている以上に実は価値のあるところで、もし何か地域への貢献をしたいと考えているのならシェアハウスという選択肢もあるのでは』というお話を聞いて、それならと」（杉田さん）

亡くなった父からは「この家を地域のために活用してほしい」という思いを託され

ていた。リフォームが必要な箇所は個室に鍵をつけるなどごくわずかで、先にシェアハウスに転用された別の空き家が人気物件になっていたこともあり、すぐに決断。現在は2人の学生が住む。1人に部屋を見せてもらうと、デスクの上に大型のモニターとスピーカー、MIDIキーボードが載っている。音楽活動が趣味とのことで「一軒家だと音を出せて自由度が高いです」という。たしかに都心のマンションと違って周囲への音漏れを気にしなくていいのは魅力だろう。エレキギターや人気キャラクターのクッション、フィギュアなども置いてあり、好きなものに囲まれた部屋は自由で楽しそうだった。

杉田さんは家族を連れてときどき実家を訪ね、学生たちと一緒に食卓を囲む。両親との思い出が残る台所は以前のままで、「当時よりエプロンが増えたかな」とほほ笑んだ。余っている部屋には遺品を保管しており、家族のアルバムも大切に残してある。幼い頃にこの家で両親と撮ったスナップ写真を見ながら言う。

「扉や壁なんかを見ていると、自分がここに住んでいた頃のことや家族でどういうふうに暮らしていたかを思い出すんです。これから先も誰かがこの家に住んで使ってくれて、自分がまた戻ってきたいときに戻れる街であってほしい。単なる空き家にしておくよりも、こういう形で若い方に鳩山に入っていただくのはきっといいことなんじゃないかなと思います」

杉田さんに提案を行った建築設計事務所は、鳩山町から委託を受けて鳩山ニュータウンの再生を手がける。その一環としてニュータウン内の空き家見学ツアーを実施。街の外からやってきた参加者たちは、地元住民が気付いていなかった鳩山ニュータウンの魅力をいくつも見出した。

「最近出社する頻度が下がってきた職業の方でしたら、普段は自然に囲まれているところで暮らしたいと考える人もいます。そういった個別の事情まで掘り下げていくと、この場所はいろいろと魅力があるので」

同事務所を主宰する東京藝術大学准教授の藤村龍至さんが、空き家ツアーで得られたフィードバックを町内会連合の荒木さんたちに伝える。長年愛してきた〝故郷〟のポテンシャルを改めて評価され、荒木さんは噛みしめるように深くうなずいた。街が再び活気を取り戻す萌芽《ほうが》が少しずつ見えてきたようだ。

1人で抱え込んでいては先に進まない

この空き家に価値なんてない、誰もこんなところに住みたくない――所有者たちがそう思い込んでしまう原因の一端は、自分だけで悩みを抱え込んでしまうことにある。リフォームが終わった家で筑前さんと話しているとき、「もっと早くに動けばよかったと思いますか？」とたずねると「本当にそう思います。もっと早く動けばよかったし、もっと早く誰かに言えばよかった」と返ってきた。

取材を続ける中で何度となく空き家所有者たちから言われたことがある。それは「話を聞いてくれてありがとう」という言葉だ。

自分たちで始めたこととはいえ、空き家所有者への取材は気が重い。家族や親族との関係や相続の状況、経済的事情など、普通なら聞かれたくないような事柄ばかり質問しなければならないからだ。しかも立ち入ったことを聞いておきながら解決策を出せるわけではなく、アドバイスもできない。どうしても申し訳なく感じる部分があった。

にもかかわらず多くの人が進んで自身の話をしてくれる。初対面の私たちになぜ包み隠さず語ってくれるのか、場合によっては撮影まで許可してくれるのか、取材を始めてしばらくは不思議に思っていた。そこであるとき思い切って理由をたずねてみると、ある所有者からこんな答えが返ってきた。

「妻や友人には悩みを打ち明けられず、ずっと誰にも言えずにいました。でもみなさんは空き家を持っている方の取材をたくさんしているんですよね。だから自分と同じような悩みを抱えている人がたくさんいることが確信できて、安心したんです」

そう言われたとき、腑《ふ》に落ちた感覚があった。だから皆一様に「聞いてくれてありがとう」と最後に言っていたのだ。筑前さんも、初めての取材で2時間ほどかけて現状に至るまでの経緯やその時々の心境を話してくれた後、別れ際に「身近に相談できる相手がいなかったので、今日はいろいろと話せてよかったです」と言って帰っていった。

相続や不動産に関する話はお金の話につながり、利害関係の生じる親族はもちろん友人や同僚にも話しづらい。また、メディアが空き家問題を取り上げる際には「放置されて迷惑になっている」という文脈が前面化しがちで、〝空き家＝悪〟というイメージがついてしまっている側面はあるはずだ。結果、誰にも言えず1人で抱え込んでにっちもさっちもいかなくなる。一連の取材を通じて、そんな人が本当に多いことを痛感した。

当事者意識を持つことは重要だが、それは決して誰の手も借りないという意味ではない。他者の目を通せば自分では気付けなかった価値や方法が見つかる。話を聞いた空き家関連の専門家や事業者たちは皆「売れないと思い込んでしまうのは本当にもったいない」と力説した。誰かに相談して知恵を借り情報を発信すれば、意外なアイデアや手を挙げる人とめぐりあえるチャンスは格段に増える。

そしてそんなふうに悩みのタネを抱えないでいいように、今ある家をいずれどうするつもりなのか、親や子が胸襟《きょうきん》を開いて話し合っておくことこそが最大の予防策だ。家を遺してこの世を去る側は「ちゃんとしてね」という曖昧な言葉で託さず、「こうしてほしい」と意思表示をすること。引き受ける側は受け取ったらすぐに行動を起こすこと。一人一人ができる、空き家の増殖を元から断つ最善手はこれに尽きる。

官民提携のワンストップ窓口

自治体でも管理不全の空き家を生まないための策を講じている。世田谷区では2021年11月に、空き家の相談を受け付けるワンストップ窓口「せたがや空き家活用ナビ」を設置した。第1章で記したように世田谷区は全国の市区町村で最も多くの空き家を抱え、専門部署が本腰を入れて解決に取り組んでいる。ただし、この窓口で対応するのは区の職員ではない。空き家の相談に特化した民間の専門アドバイザーだ。空き家問題のコンサルティングを行う空き家活用株式会社が区との連携協定に基づき運営を手掛ける。

所有者たちの悩みは多岐にわたる。そのため自治体の相談窓口だけでは実効性に限界があった。第一に、所有者側が意思決定をできていないことが往々にしてあるためだ。「どうにかしたいが、どうすればいいかわからない」といった漠然とした相談に対して、自治体側が明確な答えを出すのは難しい。あくまで空き家は個人の資産だからだ。じっくり深く掘り下げて寄り添うにはマンパワーも足りない。

第二に、「解体したい」「売却したい」「リフォームして賃貸に出したい」など考えが固まっている場合でも、自治体は特定の事業者を斡旋《あっせん》できない。所有者からすれば少なくない費用をかけるからには信頼できる事業者を知りたいが、相談しても最終的には自分で探さなければならないとなると選びあぐねて動きが鈍ってしまう。

せたがや空き家活用ナビには不動産事業者や解体業者、リフォーム会社のほか士業、金融機関など、空き家にまつわる困り事に対応する事業者が複数登録している。専門アドバイザーは所有者の話から状況を整理して〝カルテ〟を作成し、各種事業者から活用案や解決案を募る。それらをとりまとめて所有者に提案し、再び相談に乗りながら今後の方針を選択してもらう。やりとりはアドバイザー側に一本化されており、選ばなかったプランに対して所有者が自分で断りを入れるといった手間はない。運営会社は修理や解体を担った事業者から紹介料を受け取る仕組みだ。

世田谷区内で親から引き継いだ築50年弱の家を持て余していた高木功一さん（60代／仮名）は、このサービスを利用して空き家を手放すことに決めた。最寄り駅から徒歩10分ほどの家には庭がなく、そのおかげか、いかにも荒れているといった風情ではない。ただし軒下に穴が空いていたり、外れた網戸のサッシがベランダに転がっていたりと時間の経過は感じる。室内の畳と壁紙はすっかり日焼けしていた。

土地だけで2400万円になるこの場所は、母が亡くなってから4年間手つかずだった。「その頃に見に来たときはこれほどではなかったんですが……」という高木さんは、空き家になるまでこの家をどうするか親族と話し合ったことはなかった。母の他界後も誰が相続するか兄弟たちの間で決まらず、静観するしかなかったそうだ。ようやく話がまとまり、1年前に相続したものの使い道を決められずそのままになっていた。自宅のある横浜から手入れのために通うのが負担に感じ始めた頃、世田谷区からお知らせが届く。そこには「建物使用実態アンケート調査票」と題して「この家の使い道をどうするか」といった質問と、このままだと固定資産税が4倍になる旨が書いてあった。

「ずっと放置していると負担だけがそれなりにかかってきちゃうんですよね。どうしようか、やればいいいんだろうなと思ってはいても、なかなかきっかけがなくて……」

そこでせたがや空き家活用ナビを知り、相談を申し込む。

「世田谷区と提携しているということは、信頼が置けるところを紹介してくれるんだと思って、ここにしたんです」

担当アドバイザーは高木さんへの聞き取りから「なるべくそのままで貸したい」という思いを把握し、リフォームが得意な3社を紹介。それぞれの見積もりも含めて検討してもらった。

「私どものほうから『この会社がいいですよ』と決めて話すものではないですし、納得して決断していただくためには所有者が持っている思いを尊重しつつ、少しずつ段階を踏んで理解を深めてもらうことが必要なのかなと考えています」(せたがや空き家活用ナビ担当者)

最終的に高木さんは考えを変え、建て替えをして貸し出すことを決断。「こちらの気持ちを汲んで業者さんと話してくれるし、的確にやっていただいたと思っています」と、満足いく結末を迎えられた。

せたがや空き家活用ナビの運用開始から現在までに成約に至ったのは約30件。相談は月に10～20件ほど寄せられており、今後も増えると見込まれる。

空き家対策特措法改正の2つのポイント

先に少し触れた通り、2023年12月、改正された空き家対策特措法が施行された。大きな変更点は2つ。「自治体と民間の連携」と「自治体の権限強化」だ。

前者はまさに、せたがや空き家活用ナビのような取り組みを推し進めるものだ。「空家等管理活用支援法人」が新たに創設され、市区町村からこれに指定されたＮＰＯや社団法人等は空き家所有者からの相談対応ができるようになる。「どうしよう」から「こうしたい」までの溝を埋めるために、行政と民間の間で独立性を保ちながら専門的・総合的に相談できる仕組みづくりが目的だ。

活用支援法人は自治体からの委託に基づいて所有者の探索・特定も行う。第1章で言及したように、登記がされていないために所有者不明になっている空き家は多い。その探索に自治体担当者のリソースを割かざるを得ず、空き家対策のネックになっていた。今回の改正ではこの点の解消も期待されている。ただ、地域によっては支援法人として活動できる事業者を確保できるかが課題になる。今後は自治体が事業者を育成することも急務になるだろう。

後者については「管理不全空き家」の新設がポイントになる。これは、そのまま放置すると特定空き家になるおそれが高い物件を指す新しい概念だ。従来は特定空き家に指定されるまで自治体は手出しできなかったが、今後は危険な状態になる前から指導・勧告ができるようになる。勧告を受けた管理不全空き家は住宅用地特例による優遇措置が解除され、最大で6倍の固定資産税を支払わなければならない。「放置していてもまだ大丈夫」ではなくなる空き家の範囲が広がったわけだ。世田谷区空き家対策専門チーム・千葉係長の「もっと手前の、空き家所有者さんが少しがんばれば動かせる段階で対策していかないと解決していかない」という言葉が思い起こされる。

「人手不足が深刻化する中で、どの自治体も空き家対策だけに職員を集中して投入することはできません。同時に、空き家問題は最終的には所有者が動かなければどうにもならず、管理を促す必要があります。今回の法改正はそうした狙いがあると見ています」（明治大学・野澤教授）

地区ごと緑地化するアメリカの空き家対策

しかし「空き家を放置すると固定資産税が最大6倍になる」と言われてすんなり納得できる人は多くないだろう。世田谷区のような都市部であれば、所有者が決断して動き出せば解決につながりやすい。だが買い手も見つからなければ解体しても使い道がないと悩む地方の空き家所有者にとっては、なおさら悩みが深まるばかりだ。残念ながら現在の日本ではそういったケースに対する具体的な解決策はまだ打ち出されていない。希望になるかと思われた相続土地国庫帰属制度も現状では所有者不明土地の発生を予防するためのものであり、空き家問題の根本的解決にはならないとわかった。

ただ、こういった状況に直面しているのは日本だけではない。本章の最後は、アメリカで行われている大胆な取り組みにヒントを見出したい。

舞台はアメリカ中西部のミシガン州ジェネシー郡フリント市。デトロイトの北西に位置するこの街はかつて大手自動車メーカーの企業城下町として栄えたが、景気の悪化により工場が次々と閉鎖された。1960年には19・7万人だった人口は2022年時点で約7・9万人まで落ち込んでいる。それに比例して空き家も急増。往時を知る住民は「工場が撤退してから若者は街を出ていき、今では年寄りばかり。街は徐々に死につつあります」と悲しげな表情で首を振る。

中心部は今も市街地として賑わっており、日本の地方都市のような雰囲気だ。新しそうな店舗なども目につく。しかし車で少し走り住宅街に入るとそこかしこに放置された空き家があり、中には放火されて焼け落ちた残骸もあった。丈の高い草木が庭を覆い家屋を隠す様子は国内で見た数々の空き家と同様だ。近隣住民に聞くと、虫や動物が住み着いて不法投棄も相次いでいるという。空き家がたどる道は国を問わないようだ。

買い手がつかない空き家をどうするか。市が打ち出したのは従来の対策とは一線を画す新たな都市計画だった。２０１３年に「Master Plan for a Sustainable Flint」と銘打った総合計画を策定し、市内を12のエリアにゾーニングし直した。大規模な商業施設が集積したシティコリドー地区、公共機関や文化施設が立地するシビック／カルチュラルキャンパス地区など従来からの区分に加えて、グリーンイノベーション地区を新設。空き家が増えて空洞化が進む一帯を対象に、新しい住宅の建築を制限して緑地や農地に転用していくことを定めた新たな区分だ。これには治安悪化を防ぐ狙いも含まれた。

思い切ったアイデアの背景には、絶望的な未来を避けたいという思いがあった。当時、行政と共に検討委員会の共同議長としてマスタープランの策定に取り組んだジム・リチャードソンさんは「都市計画を考える中で、将来、人が一切いなくなることが予想できる地域もありました」という。

「こうした地域を別の形で活用できないか、そのアイデアがある人たちに使ってもらえる場所にしようと考えたのです」

鍵を握るのは住民参加

計画が持ち上がったとき、自分が住んでいる場所から人がいなくなることを受け入れられず、反対する住民もいた。状況を打開するため、市は住民にアセスメント調査を依頼する。その内容は、町内会などが中心になって住民自身の目で市内のすべての建物の老朽度を目視で確認し、解体すべきか、地域のサポートが要るか、雑草やごみの有無などを1つ1つ評価するというものだ。住宅の状態を「優／少し手入れが必要／かなりの手入れが必要／危険（good/substandard/fair/poor）」の4段階に分けてデータベース化していった。当時この調査に参加した男性が「このサイトを見てください。私たちが1軒1軒回って情報を打ち込んだんです」と誇らしげにスマホでウェブサイトを提示する。

「役所や別の町の人ではなく、私たち自らが調査をしたことで自分が住んでいる地域の状態を深く客観的に受け止め、市の都市計画を理解できるようになりました」

男性が言うように、この過程で住民たちは地域の厳しい現実と向き合い始めた。それは市の狙い通りだった。本来なら調査に慣れている行政職員が動いたほうが効率はいい。現状の認識を促すためにあえてこの方法を採用したのだ。その後にさまざまなエリアの住民を集めて行ったワークショップでは、どこをグリーンイノベーション地区にするのが適切か、調査で得られた情報をもとに議論を重ねた。当時の記録写真には各々に円卓を囲んで議論する、大規模なホールいっぱいの市民の姿がある。こうした過程を経たことで反対意見は減り、一気に合意が進んでいった。最終的に選ばれたのは7つの地区。地図で見ると市境の地区が多いが、中には中心市街地からそう遠くない一帯も含まれる。日本の郊外と同じく、空洞化は必ずしも周縁部だけで起きるわけではない。

計画の肝になったのは「ランドバンク」だ。公的な役割を担うランドバンクは、ローンを返せなくなったり固定資産税が払えなくなったりして差し押さえられた家や空き地を取得し、管理。国や自治体の予算で解体もする。滞在中に空き家の解体現場を取材したところ、早朝から重機がバリバリと音を立てて稼働していた。1軒あたり4時間程度で完了し、平日はほぼ毎日2、3軒が解体されるという。工事のルールが日本とは大きく異なるのは明らかだが、それにしてもそのすさまじい勢いに圧倒された。そうして解体した土地は住民やNPOに貸し出すか売却する。フリント市ではこのスキームを利用し、グリーンイノベーション地区を展開していった。

今、その中の1つの地区では広い芝生の真ん中にビニールハウスが立ち並び、野菜を育てている。以前は住宅地だった場所だ。ドローンで空撮すると、通りを挟んだ2つのブロックに7棟のビニールハウスと畑が点在している。芝刈り機を使って芝生の手入れをする人の姿もあった。ここで育った野菜は近隣の貧困家庭に配られる。さらにそうした家庭の高校生や中学生が労働体験をする学習支援の一環としての機能も持ち、運営するNPOは活動を通じて行政から助成金をもらうことで事業が成立している。別のエリアの果樹園でりんごを育てる地元の若者はこの変化を歓迎する。

「私は生まれも育ちもこの地域で、最悪の状態をずっと見てきました。今は農作業をすることで街の人たちに前向きな気持ちになってもらいたいと思っています」

あるエリアに、公園の管理をする住民たちの姿があった。初夏の日差しの下でスコップを持ち寄って土仕事をしている。向かいの家に住んでいるという女性は新たな苗を植えていた。

「ボランティアを集めるのは大変だったけど、みんなで誇りを持って作業しています」

この通りはもともと空き家だらけだったという。崩れた家が道路にせり出し、風が強い日にはごみや大量の埃が飛んできて周辺住民を悩ませていた。新たな都市計画を受けて、空き家を解体して公園にすると決定。今はここにも芝生が一面に広がり、大きな木の周辺にアジサイをはじめ色とりどりの花が咲き誇る。女性は「2階からの景色が素晴らしい。気分がいいですね」と満足気に教えてくれた。

"点"ではなく"面"で考える

州によって中身は異なるが、アメリカではランドバンクを中核に据えた空き家対策が全土に広がっている。ランドバンクが扱うのは不動産市場で価値を見出されない物件だ。それらの所有権を持つことで解体を推し進められ、広大なエリアを緑地化することも可能になっている。運営に際しては物件を売却して得られる収入のほか、国や自治体からの補助金が主になる。

日本でもランドバンクのような取り組みの必要性はたびたび議論されてきた。だが実現には大きな壁がある。所有者が複数人にわたっていたり不明だったりする空き家・空き地が多数ある上に、先祖代々という思い入れから手放したがらない人も多いだろう。そこに公的機関が介入することには強い抵抗が予想される。さらに野澤教授の著書『老いた家、衰えぬ街』（講談社現代新書、2018年）では、日本ならではの課題を次のように指摘している。

「世界的に見て治安が良好な日本で空き家を放置したとしても、デトロイト（引用者注：フリント市同様にランドバンクを運営している）のようにギャングが住みついて地域の治安が悪化し、市民の命にかかわる問題に発展する事態は考えにくい状況にあります。そのため、日本の法制度的な枠組みや財政難の中では、積極的に、空き家・空き地問題に対して国や自治体が関与するための『公共性』があると明確に主張しにくい面もあります」

しかし空き家の数が1000万戸を突破する時代に、いずれやっていかざるを得なくなる可能性は高い。いきなりすべてを緑地化することは無理でも、空き家を1つの建物という〝点〟で見るのではなく地域や街単位で〝面〟として捉える考え方は参考になる部分があるはずだ。

「空き家問題の解決には街づくりの観点が欠かせません。そのためには自分たちの地域が持つ価値を見つけ、そこに特化することが武器になります。たとえば海がきれいで釣りができる街なら、その部分を磨いて尖《とが》らせることで価値を上げられる。どういう街でありたいのか、そのために空き家をどう使うことができるか、自治体が主導権

を握りながら地元企業と住民と一緒に考えられれば糸口が見えてくるのではないでしょうか」（前出・和田代表）

フリント市の都市計画策定に携わったリチャードソンさんは私たちにメッセージをくれた。

「日本の人たちに言いたいのは『計画を立てなければ将来起こってほしくないことが起こる』ということです。そのためにもリーダーたちが地域住民の声にしっかり耳を傾けなければなりません」

今もフリント市には多くの空き家がある。それでも望まない未来を避けるべく、住民と行政が一緒になって自分たちの手で街をつくり変えようとしている最中だ。誰もが自分事として引き受け、より広い視点で問題に立ち向かう——そんな変化が日本でも求められている。

第5章

住まいの終活を自分事として考える

〝おせっかい〟支援で管理不全マンションが半減

空き家に比べて老朽マンションへの行政の対応は遅れ気味だが、独自の支援体制を設ける自治体が現れている。

京都府京都市では、管理不全のおそれがあるマンションを専門家が飛び込みで訪問して管理を手伝う事業を13年前から行っている。いわば〝おせっかい〟支援だ。背景には、市内の老朽マンションが全国平均を上回るペースで増えているという課題があった。そこでマンション管理士や一級建築士、弁護士など専門家が集まるNPO法人マンションサポートネットに委託し、この事業を開始。管理組合を立ち上げるなどして、当初47棟あった要支援マンションを半減させる成果を上げている。

10年前に〝おせっかい〟を受けたマンションを訪ねた。入り口周辺のコンクリートなどが築49年の古さを感じさせるものの、全7戸のこぶりな建物は著しく荒廃が進んでいる様子はない。支援を担当したマンション管理士の谷恒夫さんに10年前の写真を見せてもらってその違いに驚いた。写真の中の建物は、外壁に黒ずみが深く染み付き、奥まった部分から薄暗さが漂っていた。谷さんが飛び込みで訪問したとき、劣化はかなり進んでいたという。何度も通って住人たちに管理・修繕の重要性を丁寧に説明するところから始まった。

「クローズアップした写真をお示しして『これは本当に危ないんですよ』とお伝えすると、『こういうことになっているのか』と再認識されるんです」

壁全体に走る大きなクラック、ほぼ全部の段の端から端まで亀裂が入った階段、さびて割れそうな屋上の柱。そうした写真を見せることで住人に現状を認識してもらった。ここもやはり管理組合がなく、修繕のための積立金もなかった。住人は管理に無関心で、水道ポンプの破損や下水の詰まりなど生活に支障をきたすトラブルがあればその都度お金を出し合ってしのいでいたという。部屋の所有者の1人、吉田博子さんは以前の心境を「不安が少しあっても、目をつぶっているところもあったと思います。どうしていいかもわからなくて」と振り返る。

「自分のことだけを考えればいいという思い込みがあった。それがマンションの気楽さだって。戸を閉めたらそれでおしまいやから」

谷さんは手始めに、少ないお金でできる細かな修繕を提案していった。屋上の柱にはひび割れた箇所を補修して塗り直した跡がある。

「予算がないので仕上げはできず、補修だけで終わっています。だからちょっと不細工ではあるんですけど、修繕をしています」（谷さん）

地道な修繕を積み重ねるうちに、住人たちは建物の管理に目を向けるようになっていった。最初の訪問から2年後には管理組合を設立。集合ポストの一画に組合用のものを新たに設置した。するとそこにガス会社からお知らせが届く。経年劣化したガス管を取り換える必要があること、工事費用に補助金が出る期限が迫っていることが記されていた。結局50万〜60万円程度かかったが、案内が届いていなければ補助金の存在に気付けず、そもそも危険なガス管がそのままになっていた可能性も高い。

こういった出来事を通じて管理組合のメリットを実感した住人たちは、修繕金の積立を始める。自然に話し合う空気も生まれ、足腰が弱くなった住人のために相談して手すりをつけるなど自発的に動くようになっていった。京都市の支援は1棟につき3年間という期限がある。期間終了後、管理組合は谷さんと直接契約する形で継続的に管理を手伝ってもらうことに決めた。その後もあちこちの補修を少しずつ進めている。

２０２３年の夏のある日、管理組合の会議が行われていた。小さなマンションゆえに会議室などはなく、住人の部屋に集まる。議題は階段の補修について。なんとか予算を抑えようと谷さんが安くやってくれる業者を見つけて見積もりをとってきていた。修繕の内容や意図を説明すると住人からも積極的に質問が出る。意見交換がしばらく続いた後、谷さんが「ほかにも直さなあかんところがいっぱいあるけど、これが最優先。管理組合のお金を半分くらい使うことになるけど、みなさんの考えとしても『やっておかんとまずい』ということでよろしいですか」と意向を確認すると、住人たちは口々に、

「よろしいです」

「お願いします」

「直してほしいです。危ないからね」

と賛意を示す。その後、話題は修繕に使う素材選びに移っていった。

「床はグレーやから、それやったらこれかなぁ」

「これやな、違和感ないもん」

「私もそれ賛成」

全員でカタログを見ながら滑り止めの色について話し合う場には、打ち解けた雰囲気が漂っている。その後、臨時総会で決済し、無事に階段の補修が行われた。

「理事会や総会が嫌なものではなくなってきている。気軽に相談してみよう、というふうになってくるともっと進みますよね。なんでも前向きに進んでいけるという安心感をすごく持ちました」（吉田さん）

いずれ来る終わりの前に何ができるか

困っている当事者ほど助けを求める声を上げられない、あるいは自分が困っている自覚がないというのは社会の中のさまざまな局面で起きることだ。老朽マンションにもこれが当てはまる。毎日暮らしている場所なのに、外部からやってきた人に写真を提示されて現状を認識するというのはまさにその現れだろう。この京都のマンションも住人には高齢者が少なくなかった。管理不全に陥っていても、管理組合もないところから自分たちで気が付いて誰かに助けを求めるのは難しい。素人にとっては専門家や事業者を頼ろうにもまずどこに相談すればいいのかすらわからず、お金が絡むことだけに「だまされないか」と警戒もしがちだ。

〝おせっかい〟支援のポイントは、そこに先んじて手を差し伸べる点にある。それは行政にとっても大きなメリットにつながっている。

「管理不全の行き着く先が行政代執行だと思いますが、これが一番コストがかかります。そこに至るのは最悪のシナリオ。それを防ぐ目的もあって京都市独自の支援としてこの事業を始めました」（京都市住宅政策課・神谷宗宏さん）

京都市が負担する事業費は年間430万円に収まる。滋賀県野洲市の行政代執行では1億1800万円かかったことを考えれば、はるかに安い。支援の取り組みは神奈川県横浜市や兵庫県神戸市などでもスタート。建て替えを検討するマンションに専門家を派遣する支援制度を設けた自治体も増えている。

2022年にはマンション管理適正化法が改正され、管理組合や組合の規約がないといったマンションに対し、自治体が指導・助言を行えるようになった。管理不全だと把握していても助けを求められるまで静観せざるを得なかったところから、一歩踏み込んで関与することが可能になったのだ。空き家と同様に、行政による積極的な支援が果たす役割は大きい。

他方で、京都市のような事業を行う専門家集団がどこの自治体にもいるわけではない。また、管理を怠ってきた結果として支援を要するマンションのみに手を差し伸べるのは公平性の観点から問題がある。きちんと管理を行っているマンションを評価するようなインセンティブの設計も重要になる。そこでマンション管理適正化法改正と併せてスタートしたのが「マンション管理計画認定制度」だ。長期修繕計画や修繕積立金の設定、総会の運営状況などをとりまとめて管理組合が自治体に申請し、適正と判断されれば「認定」のお墨付きが与えられる。ローン金利の引き下げや固定資産税の減額などのメリットを享受できる。

同時にマンション管理業協会が実施する「マンション管理適正評価制度」も始まった。こちらは管理体制や建物・設備の状況、管理組合の財政状況など5分野30項目から100点満点で評価を行い、中古マンションを購入したい人の参考になるようにインターネット上で公開する。しっかり管理ができて高評価を得られれば市場価値が上がるというわけだ。

そして管理不全に陥る前の段階から手を打つことも欠かせない。最大の予防策は、建てる前から終わりを迎えるまでという長いスパンでの備えだ。たとえば埼玉県所沢市や愛知県名古屋市では、デベロッパーに対して竣工《しゅんこう》時に修繕計画書の届け出と住人への共有を義務付けている。先々のことを考えずに日本中でマンションが建てられ続けた時代の轍《てつ》を踏まないよう、最も早い段階での対策が進む。

明確に終わりを見据えるマンションも出てきている。京都市のあるマンションでは12年後の解体を決めた。NPOのサポートを受け、管理組合を立ち上げて修繕を続けてきたが、このまま住人の高齢化が進めば金銭的な負担が大きくなりすぎる。現在は築48年。ちょうど築60年を迎えるタイミングでの解体予定だ。解体費用を積み立てるため、最低限の修繕を行いながらNPOとともに計画を練っている。管理組合の楢崎勝則理事長は「終わりを見ないのは逃げているというか、現実的じゃない」ときっぱり言った。

「問題を先送りにしていくと、あとの人が大変。『12年後に解体しますよ』という話をしておけば住人もみんな覚悟ができるし、そのためにはどうしたらいいのかということが考えられる」

建物は古びてはいるが決してボロボロではなく、これまでかけてきた手間が推察された。だからこそ客観的に状況を捉えて決断できたのだろう。横浜市立大学の齊藤教授は「今後はマンションの終活を考えていかなければなりません」という。

「マンションは再生できなくても、暮らしは再生できます。たとえば建物を処分して土地を売って、住人でそのお金を分け合って解散するという道もある。悲観的になりすぎず、終わりをしっかりと見据えていくことが大切です」

管理組合主導の高齢者見守りシステム

建物の老朽化に関しては行政の支援体制が進展しつつある。ではもう1つの老い、住人の高齢化についてはどうだろうか。これに対し、住人自身が独自の対策を行っているマンションを見てみよう。

札幌駅から車で15分ほど行った藻岩山《もいわやま》の麓《ふもと》に建つ、築33年の「ラポール南山鼻《みなみやまはな》」。

全110戸と聞いていたが、北海道らしく広々とした駐車場の奥に建つマンションを実際に見ると戸数の割に大きく感じる。最高でも9階と高さはさほどないが、横幅が広い。まるで明るい要塞《ようさい》のように長く連なっているのは、全部で7基のエレベーターによって棟が分かれているからだ。外からはフロアが1つにつながって見えるが、エレベーターの左右に1部屋ずつ配置された7つの棟から成り立っており、同じ階でも棟が違えばエレベーターで1階まで下りて移動しなければならない。他の住人とできるだけ会わないで済むように、昭和の一時期にはやったスタイルらしい。家族だけで完結した生活を送れるマンションのメリットを最大限に活かすつくりだ。

棟のエントランスでは住人たちが立ち話に興じていた。あいさつをすると明るい返事がある。足元の小道を彩るガーベラの花壇は園芸好きの住人が手入れをしているという。

ファミリー向け物件であるラポール南山鼻が建てられたとき、入居者の大半は札幌市中心部に通勤するサラリーマン夫婦と子どもたちという構成の家族だった。現在は、子どもが巣立って夫婦2人だけ、あるいは配偶者が亡くなって一人暮らしになった高齢者が多い。75歳以上で一人暮らしをしている住人は11人いる。

管理組合の理事長を20年務める80歳の町田信一さんは10年ほど前、孤独死が社会問題化して盛んに報じられているのを見て「組合として何かしなければ」と考えるようになった。「無縁社会」という言葉が流行語になった頃だ。ただ、そうした報道の中で対策として紹介される「洗濯物が干しっぱなしになっていないか」「ポストがいっぱいになっていないか」といった周囲の見守りには頼りなさを感じた。もっと合理的かつ効果的に見守れるシステムを構築できないか。そうして「おはようコール」を思いつく。

そのシステムはこうだ。一人暮らしをする75歳以上の住人は毎朝必ずインターフォンで管理人室に着信を入れる。特に話はせず、決まった番号を押すだけでいい。管理人は出勤したら着信記録を確認し、入っていない場合には電話をしたり部屋を訪ねたりして安否確認を行う。管理室のチェックリストには住人の名前の脇に「7／5↓この日留守予定」とメモ書きがある。まめに情報が共有されていることが見て取れた。

町田さんがこだわったのは、希望者に限定せず、対象者は全員このルールを守ることだった。そうでなければ骨抜きになってしまう。

「中には『私は元気だから必要ありません』という方もおられましたよ。だけど『これは約束事だからお願いします』と一人一人説得したんです」

毎朝コールをしている85歳の新田早苗さんも、当初は「面倒くさい。そんな老人扱いされるのは嫌だ」と心の中では反発していたという。今でも頻繁にコースに出るほどのゴルフ好き。健康には自信があった。だが今ではこの決まりがあって良かったと思っている。

「やりたい人だけだったら『まだ大丈夫』『まだ大丈夫』って、いまだに参加していなかったかもしれません。いくら気持ちは若くても、いつかはお世話になることがある。そのときのために『必ずやる』と決めてしまうのも1つの方法かなと思います」

（新田さん）

このおかげで今までに3回、室内で倒れている住人に気付いて助けることができた。町田さんは当初、いずれはもっとテクノロジーが進んでより効率的な方法が生まれ、このやり方は消えると考えていた。ところがふたを開けてみればこのシステム自体がマンションの文化として根付き、ここまで続いている。

ラポール南山鼻では住人同士の交流も盛んだ。別々のエレベーターを使い、人と顔を合わせなくていい新築物件に入居した人たちは今、互いに家の鍵を預け合い「何かあったら様子を見に来てね」「駐車場の車が1週間動いてなかったら連絡をちょうだい」と支え合って暮らしている。

ガラス張りのコミュニティスペース

一方、京都市のマンション「ルミエール西京極《にしきょうごく》」では交流の輪を広げることで2つの老いに立ち向かっている。

京都駅から車で約15分、桂川《かつらがわ》のすぐそばに建つマンションは築40年とは思えない外観だ。エントランスを入るとオレンジ色の照明に照らされたロビーの壁に整然と集合ポストが並び、その上に2台の大型モニターが据え付けてある。管理活動に関する情報や、敷地内にある防災用井戸水の水質についてのお知らせが表示されていた。

エントランスの脇に全面ガラス張りの会議室と交流室があった。マンションの中庭に通じており、遮るものがないせいか全体に明るくオープンな雰囲気が漂う。管理組合で理事を務める能登恒彦さんが案内してくれた。能登さんはマンション完成時に20代で入居し、管理運営に長年携わってきた。マンションにとって大きな転機になったのは築30年を前にした２０１１年、２回目の大規模修繕工事の際に住人同士で高齢化対策について話し合ったことだという。

「高齢化がやってくる築40年超の時代をどう生きるか、どう運営していくのか。周りの先輩マンションを見ていて、築30年くらいを境に住人同士で考えないと絶対に手遅れになると感じていました」

さまざまな意見を出し合った結果、段差があった建物入り口をスロープにし、車椅子が必要になった住人も出入りできるよう改修。介護士やデイサービスなどの車が来ても駐車できるように十分なスペースも確保した。

そしてもう1つ、住人同士のつながりをつくることにも本格的に着手する。ちょうどその頃、１階のテナントスペースに空きが出たため、管理組合で買い取って交流室として改装。以前からあった会議室も改装し、２つを住人同士の交流の拠点とした。

ここでは住人主催の折り紙教室や書道の会などが開かれている。折り紙教室は参加者の半数以上が一人暮らしの高齢者だ。毎月会って話すことでお互いの悩みを相談したり、体調の異変に周囲が気付いたりできる場になった。

月に一度は交流室のドアを開け放って中庭とつなげて「朝カフェ」を開催。管理組合の予算からお茶やコーヒー、パンやお菓子を提供する。大人は1人100円、子どもは無料で、おかわりも自由だ。のぞいてみるとたくさんの住人が集まってそれぞれに机を囲み、おしゃべりに花を咲かせている。交流室の中央に置かれた長机にいろいろな種類のパンが並んでいた。部屋の端にはキッチンが備え付けてあり、カウンターの内側で若い住人がお年寄りにコーヒーをサーブしている。

かつてはこのマンションも全員が近所づきあいに積極的だったわけではない。働いていたり子育てで精一杯だったりで余裕がなく、ある住人は「めんどくさいし、つきあいがないのは楽だからやってこなかった」と当時を振り返った。やがてそれぞれが年を取り時間に余裕ができてくると、近所づきあいにも前向きになってくる。そこにコミュニティスペースができたことで自然と関わりが生まれていったという。

地域の公共財としてマンションを活かす

ルミエール西京極では地域との関係づくりにも力を入れている。その一端を担うのが、交流室を使って週に2回行われる地元スーパーの移動販売だ。近隣には自転車で15分ほど行かないと大型スーパーがない。移動販売が来れば外出が困難な高齢者もマンション内で買い物ができ、他の住人との交流の機会にもなる。住人たちは口々にその恩恵を語る。

「大きい買い物は事前に頼んでおくと持ってきてくれるんで助かっています」

「近所のスーパーやったらアイス買っても家帰るまでに溶けるもんなぁ」

この移動販売は地域住民も利用できる。バンが停まり、出店準備が終わるのを待っていたように道路の向こう側から人が集まってきた。杖を手にしたりシルバーカートを押したり、足が悪い高齢者も多い。取材に訪れた日は1時間ほどの営業時間に地域住民とマンション住人が計20～30人ほどが集まり、精算の列に並びながら「今日も暑いねぇ」とごく自然に世間話をしていた。買い物に来ていた地域住民に話を聞くと「ルミエールの人だけが使えるのかと思ったら『構いませんよ』って言うんで、それから来ています」「ものすごい助かってんねん。だからこの地域の人はルミエールの人とは結構交流があんねん」と感謝の念を熱っぽくふるった。

今でこそ近隣住民との交流が活発なルミエール西京極だが、初めから地域で良い関係を築けていたわけではない。40年前、木造2階建てばかりだった地域で工場の跡地に現れた大きな建物は、電波障害や日照トラブルを引き起こした。能登さんは「われわれはこの地域から見れば新参者。200世帯近くが突然大挙してやってきたわけで、異質な人たちに見えていたと思います」と顧みる。だが対立した状態を続けるのは双方にとってメリットがないと長年考えていた。移動販売を通じて地域との関係づくりを始めたルミエール西京極は、マンションを地域により開くためにできることを思案し、頑丈な建物を地域の防災拠点として提供することも決めた。100メートル先の桂川が氾濫《はんらん》するなど、大きな災害が発生したときは、近隣住民がこの建物に避難できるという協定を結んだのだ。日頃から地域住民と交流を持ち、互いに顔見知りの関係になっていれば、いざというときに高齢者の避難をサポートしてくれるという期待もある。一人暮らしの高齢者が増える中で、マンションの住人だけで支え合うには限界がある。

「地域のある種の拠点になれないかなと。それが社会の中で生きていく、地域の中で生きていく姿なんじゃないかという気がします。自分たちだけでできる時代ではなく、いろんなつながりや地域づくりが大事なのかなと思っています」（能登さん）

実際、マンションは大規模災害に強い。東日本大震災では津波から逃げる際に近隣の人がマンションに避難して助かったり、集会所が地域の避難所として機能したりした事例があった。私有財産であるマンションが公共財のような役割を果たすあり方は、防災に限らずさまざまな局面で今後ますます重視されるだろう。

マンションの管理組合は「民主主義の学校」

2つのマンションに共通するのは、自分たちが住む場所を自分たちで良くしていこうとする住人の意識と、それを取りまとめる管理組合の姿勢だ。

ラポール南山鼻の管理組合は管理・運営に関する情報を日頃から発信している。月に1回の理事会開催の翌日には「理事長だより」を発行。その月の出来事や今後の予定、検討中の事柄などをオープンに伝えることで理事会の考えを住人に周知するのだという。そのスタンスがよく現れているのが管理費を滞納した場合の対処ルールだ。ラポール南山鼻では管理費を3カ月滞納すると駐車場を利用できなくなり、無視して駐車するとレッカー移動される決まりがあるが、管理組合ではそのためにレッカーサービス事業者と年間契約を結んでいる。なし崩しにはしないという意志を提示することでルールの徹底を図ってきた。事実、現在まで管理費の滞納はゼロ。こうした積み重ねがあったからこそ「おはようコール」を全員必ずやると決めたとき、反発はあっても納得を得るまでは早かった。

理事長を務める町田さんは、入居当初は仕事が忙しかったこともあり、マンション管理にさほど深く関わっていなかったという。以前は輪番制で理事長が選ばれており、ある年に町田さんを含む何人かにお鉢が回ってきた。「じゃんけんで決めてください」と言われたとき、「それではまずい。だったら自分がやる」と引き受けたことをきっかけに現在に至っている。輪番制は特定の人物に権力が集中する事態になりにくいという利点はあるが、積極的でない人が任につくと活動がおろそかになってしまうおそれがある。任期が単年度だと組合運営の継続性も保ちにくい。住人の合意形成が難しいといわれるマンションでは、ときには管理組合がリーダーシップをとって物事を進めることも大切だと町田さんは考えている。

「自分のマンションを少しでも良くしたい、そのためにはどうするか。それを考えてみなさんに話してご理解いただいて、形にして積み上げていく。それが必要なのかなと思います」

一方、ルミエール西京極では2回目の大規模修繕をきっかけに、管理会社との契約を解除して自主管理に切り替えている。経費削減もさることながら、本当に必要な改修とは何かを住人たち自身で考えることで当事者意識を高める狙いがあった。30代の頃から同世代のメンバーと助け合いながら理事会を切り盛りしてきた能登さんの言葉で印象的だったのは「大切なのは6割の住人」というものだ。

「200世帯もあれば、何かしようとしたときに意見が異なる人がいるのは当然です。肌感覚としては、マンションの管理に協力的な人が2割、関心がない人が6割、反対する人が2割。重要なのは、関心がない6割が反対派になってしまわないよう、組合が努力することだと考えています」

齊藤教授いわく「区分所有者たちが互いに意見を調整して合意を形成していくマンションの管理組合は〝民主主義の学校〟」だ。ルミエール西京極の例はまさにそれを地でいっている。

そうした考えは下の世代にも受け継がれつつある。どちらのマンションでも新たな入居者には管理組合の理事たちとの面談を設けている。入居させるかどうかの審査ではなく、管理方針やマンションの成り立ちについて説明するためだ。交流室や朝カフェを開催するルミエール西京極と同様、ラポール南山鼻も敷地内で夏祭りを開催したり住人同士で集まってお酒を飲んだりと交流の場を持っている。若い世代と高齢世代の交わりが進み、町田さんは自分の後に管理組合を任せられそうな後継者の見当をつけているそうだ。

能登さんは「高齢者にとって暮らしやすい設備や仕組みを整えるだけでは、本当の意味での高齢化対策にはならない」という。

「大きなポイントは、偏った世代が住むマンションになるのを避けることにあると感じています。若い世代を含めていろんな世代が住んでいれば、経済力も含めて管理組合自体の力がつく。子育て世代や子どもたちが喜んで住んでくれるマンションであり続ければいろんな手が打てます。若い世代にも魅力を感じてもらえるマンションづくりを同時に進めることが、高齢者にとってもプラスになると考えています」

大規模修繕の際には近隣の学生にエントランス外観のデザインをしてもらい、古めかしかった入り口をタイルから選び抜いておしゃれに作り直した。それも若い人に魅力を感じてもらえるようにするための工夫の一環だ。こうした動きが実を結び、独立して家族を持った子どもが帰ってきて建物内2世帯同居をしたり、昔からよく遊びに来ていた近所の子が部屋を買って住んだりといったケースが出てきた。空き部屋はほとんどない。今、ルミエール西京極には100年分の修繕計画が用意されている。

密なコミュニティは不動産価値も高める

永住を前提にした住人が増える中で、今まで通りの希薄な人間関係をよしとする考え方は限界に来ていると気付く人たちが現れ始めた。不動産市場ではその兆候が見えている。

「われわれの研究では、夏祭りなどを開いたり日頃から交流を持ったり、昔ながらの密なコミュニティを築いているマンションのほうが中古市場での売買価格が高くなる結果が出ています」（マンションみらい価値研究所・久保所長）

ただ、さしたるつきあいをしてこなかった人たちが急にラポール南山鼻やルミエール西京極のように熱心に取り組めるかといえば、ハードルが高い。「今日から交流していきましょう」と声をかけて回るのも無理がある。久保所長は「まずはあいさつからでいいんです」という。

「最初は誰も返事をしてくれないかもしれませんが、自分からあいさつをしていると徐々に『こういう人がいるんだな』とわかってきます。そこから少しずつ人間関係が深まっていって、その先にコミュニティができていく。目安としては、マンション内で立ち話ができる関係の相手が2人以上できれば理想的です。互いを同じ建物に暮らす人として認識すれば、自分1人だけで生活が成り立っているという感覚からの脱却につながります」

そうした人間関係は認知症や高齢住人への対応にも役に立つ。「季節に合わない服装で出歩いていた」「ごみ出しのときに左右ちぐはぐなサンダルを履いていた」「会話がうまく成り立たない」……日頃から多少なりと交流を持っていればそんなサインにも気付ける。

「管理会社や管理人が住人の方から『様子がおかしいので親族に連絡したほうがいいのでは』と連絡をいただいて行政などに相談し、社会的な孤立が改善されるケースは多いです。濃厚な人づきあいではなくとも、気にかけてそっと見守ることもマンションならではのコミュニティです」

マンションを購入する際、管理や組合活動について重視する人は少ない。しかし取材でさまざまなマンションに足を運んでわかったのは、住人の意識が管理に向いているかどうか、良い人間関係が保たれているかどうかは建物の雰囲気に如実に反映されるということだ。ごみ集積所や自転車置き場が整頓されているか、植栽は枯れていないか、古い掲示物がそのままにされていないか……こうした細部がマンション全体の空気感を醸成している。内見に行く際にはそういった点も注視したほうがいいだろう。

　マンションの隣人はたまたま同じ建物に住んだ人にすぎない。だからこそほどよい距離感で支え合えれば自分の生活を快くすることにつながる。住まいをどうしていくか、人任せにせずに周囲と気軽に相談しあい、行政や専門家の力も借りる。そのスタンスこそが2つの老いを乗り越えるためには欠かせない。

　第3章に登場した熊本市のマンションも今、変化を迎えている。週末のある日、ごみ袋や鎌を手に住人たちが集まっていた。タオルを首にかけたり軍手をしたり動きやすそうな格好をしている。住人から「みんなで草取りをしよう」と提案があったのだ。敷地内の広場に生えた雑草をむしりながら住人たちは「なかなかお会いすることもないし、お話しすることもないですもんね」と言葉をかわす。中には初対面同士の人もいた。誰もが少し気恥ずかしそうだが楽しげに作業をしている。管理組合理事長の古川さんも額に汗を浮かべていた。提案した住人女性は、すっきりした広場を見ながら「たまには忘年会でもね、ここでおにぎりを食べたっていいじゃないですか」と新たなアイデアを出す。

「行動に移すところまでは今までやっていなかった。ある程度、気心も知れてくると本音も言えるし、今後どうするかという議論にも真剣に参加してもらえるんじゃないかな」(古川さん)

身近なところから少しずつ。その小さな一歩が前進につながっていく。

戸建てからマンションへ、ニュータウンの中で住み替える

さて、ここまで空き家とマンションの問題を分けてそれぞれに扱ってきた。しかしどちらも住宅すごろくによる歪《ひず》みと少子高齢化が重なり合って生じたものであり、根は同じだ。核心は人と住まいが一斉に老いていく状況にある。本書の最後は、50年あまりにわたって文字通り街を上げてこの課題に取り組んできたニュータウンに注目したい。

場所は千葉県北部に位置する佐倉《さくら》市。ユーカリが丘と名付けられたニュータウンの開発が始まったのは1971年のことだ。ここには今およそ1万9000人が暮らす。注目すべきはその動態と内訳だ。ユーカリが丘の人口はこの10年で11・6%増えてい

るが、驚くことに14歳以下の人口も、ほぼ同じ割合の11・5％増加している。ユーカリが丘を除く佐倉市内の14歳以下人口が20・3％減少したのに対し、驚異的な数字だ。全国のニュータウンが高齢化により衰退する中でなぜそんなことが可能になったのか。理由を紐解きに現地へ向かった。

東京駅から電車を乗り継いで約1時間、成田空港に向かう京成《けいせい》本線の途中にユーカリが丘駅はある。駅前のロータリーを越えると映画館や書店などが入ったモールの背後にタワーマンションが見えた。その方向に向かって空中デッキが伸びていく。側面には「ようこそユーカリが丘へ」と書いた横断幕が掲げてあった。

デッキの正体はモノレールに似た山万《やままん》ユーカリが丘線の線路だ。ユーカリが丘駅を含め全6駅、1周14分というコンパクトな路線が走っている。1駅目の地区センター駅にはまたショッピングモールがあり、入ってみると大型スーパーにドラッグストア、レストランにペットショップと、日常生活を支える店が揃う。佐倉市が運営するコワーキングスペースや市役所の出張所、子育て世代包括支援センターまであった。同じフロアには街の開発管理を手掛けるデベロッパーの支社も入居する。

ユーカリが丘はマンションと戸建てが両方存在するタイプのニュータウンだ。ユーカリが丘駅近くにタワーマンション群が立ち並び、その奥に戸建ての住宅街が広がる。そしてこの街では、マンションと戸建ての住み替えを推奨する取り組みが行われている。地域の中で住人が循環しているのだ。実際に住み替えをした2軒の家を訪ねた。

最初にうかがったのは戸建てから駅前のマンションへと住み替えた60代の星野さん夫婦宅。きれいなリビングの窓際には2脚の椅子と小さなテーブルが配置されている。夫婦2人の仲むつまじさが伝わってくる。妻の真美子さんは「子どもが住まなくなってしまうと、2階が空き室みたいになってしまって。風を通すためだけに2階に上がるようになって、いらないものに手をかけるのがちょっと負担になってきていました」と、引っ越しを考え始めたきっかけを説明する。

ただ、手放す戸建てをきちんと売ることができるかどうか不安だった。一般的に住み替えのネックになるのはタイミングだ。住んでいた家の売却金を次の家の購入資金や引っ越し費用に充てたくても、売りたいタイミングですぐに買い手が現れるとは限らない。不動産会社に仲介を依頼して、買い手候補が見つかったら内見の日程を調整したりやってきた希望者に家の説明をしたりと労力がかかる。なかなか契約に至らないときには一連のやりとりを何度か繰り返すことになる。なお、買い取りであればタイミングの問題は解決するが、仲介による売却価格の7割程度が相場になってしまう。

迷っていた2人の背中を、ユーカリが丘独自の住み替えサポートシステムが後押しした。街をまとめて開発するデベロッパーは、マンションや戸建てに空きが出ると積極的に買い取りを行う。そして戸建てが暮らしに合わなくなった高齢者などにマンションを紹介し、逆に子どもが生まれてマンションが手狭になった若い家族にはリフォームした戸建てを販売する。これならば引っ越しを思い立ってから待たなくていい。しかもユーカリが丘内の物件で住み替える場合には査定額の100%で買い取ってもらえて、仲介手数料もかからない。

岡本さん一家は、このシステムを利用してマンションから戸建てに住み替えた。新居にお邪魔した日は天気が良く、5歳になる子どもたちが庭先でシャボン玉を飛ばして遊んでいた。その足元を2匹の小型犬が走り回る。リビングの掃き出し窓の外にはウッドデッキが設《しつら》えられていて開放的だ。子どもたちがのびのび過ごせる家なのがひと目でわかる。夫の寛さんが「将来的には子どもにも部屋が必要になってくると思って、戸建てに住み替えました」というと、妻の真理子さんが「引っ越したい欲がすごく高まっていたときに、この物件のチラシを見て『これだ！』って」と続けた。

一斉に老いないための街づくり

デベロッパー企業が住み替えサポートを始めたのは2005年。徐々に利用者を増やし、現在までに延べ400世帯以上が住み替えた。今、マンションの入居者の2〜3割はニュータウン内の戸建てから越してきた人たちだ。同社の久須見裕文さんがこのサポートの狙いを説明する。

「ファミリーになられた方と70代のご夫婦2人では、住まいに求めるニーズは違います。それぞれのニーズにあった住まいを、住み慣れた街の中で選んでいただくことが重要です。不動産が流動化することは街の活性化と発展につながり、われわれのビジネスとしても大きなメリットがあると考えています」

積極的な住み替えの実現の裏には、日頃からの住人へのきめ細かなヒアリングがある。同社では全世帯を定期的に訪問するエリアマネジメントグループを設け、生活の中での困り事がないか聞いて回っている。さらにタウン誌を自社で年に3～4回発行し、各戸を個別に訪問して配布。顔を突き合わせて話す中で「今の家を持て余し気味」「子どもが生まれるから引っ越しを検討中」「あのエリアで建設中のマンションが気になる」といった話題が出れば住み替えを勧めるというわけだ。

しかも同社の社宅や独身寮もここにあり、130名の社員のうち約半数が住んでいる。ママ友・パパ友や隣近所として見知った仲になるわけで、単に居住者と管理者の関係に留まらないことも気軽に相談しやすい環境を醸成する。前出の真理子さんは「私たちもそうですが、このあたりの人たちは住み替えに対してそんなに抵抗がない方が多いイメージがあります」という。

この環境は空き家対策にも有効だ。空き家になったと思しき家があると近隣住人が教えてくれるため、すぐに手を打つことができる。密なコミュニケーションの産物であり、社員自身も住人ゆえに業務の一環としてこなすのでなく自分自身の近所の話として取り組むのだ。

民間企業が宅地開発を手掛けるとき、分譲が完了すればそこで仕事は終わる。あえて保有しておくメリットもないので、できたものはなるべく時間をかけずに売り切り、その後の街の管理や運営には関知しない。

実はユーカリが丘のデベロッパーもかつてこの手法で大規模宅地開発を行ったことがある。しかし完成後に反省が生まれた。いっぺんに開発していっぺんに分譲して、同じような年齢構成の人々が入居すれば数十年後には住人は同時期に老いて街も老いてしまう。はたしてそれでいいのだろうか。

ユーカリが丘にはその反省が活かされている。いちどきに売るのではなく一定のペースで分譲を行えばさまざまな世代が混じり合い、一斉に老いる街にならずに済む。そう考え、分譲開始当初から今に至るまで年間で販売するのは200戸程度という定量を守ってきた。不動産業界が狂乱したバブル期にもこの決め事を貫いた。

これはビジネスにおける強みにもつながっている。1つのエリアを一気に開発して一気に新築を販売すると、同価格帯の物件が市場に大量に出回ることになる。一方、ユーカリが丘では年間200戸の中に新築戸建て・中古戸建て・新築マンション・中古マンションが含まれ、価格帯に幅がある。購入希望者にとっては、立地条件に大差がなければ後者のほうが自分の経済状況やライフスタイルに合った物件を選べて都合がいい。また、一度に売り切ってしまうとその後は中古物件が散発的に出回る程度になり、エリア自体の存在感を不動産市場で維持できない。他方、年間200戸を売り続けていればどうか。東京郊外で家を買おうか検討し始めた人の目に留まりやすくなる。

とはいえ周辺の土地には限りがある。いくら販売戸数を絞っても長年かけて土地を開発し尽くしてしまえば、新築物件をつくる余地はなくなる。そのときに次なる軸を担うのが住み替えシステムだ。ユーカリが丘では今後20年以内にすべての開発が終わると見込み、買い取り再販やリフォームに事業の軸足を移しつつある。すでに年間200戸のうち3割程度は住み替えに伴う販売が占める。

住まいに限らず、老いる街にならないためのさまざまなプロジェクトは開発当初から続いてきた。ユーカリが丘線もその一環だ。実はこれもデベロッパーが運営する。鉄道事業者が沿線の宅地開発をするのはメジャーなビジネスモデルだが、不動産事業者が鉄道を敷くのは非常に珍しく、鉄道業界でも知られた路線だ。ユーカリが丘を造成するにあたって最初にユーカリが丘線が敷設《ふせつ》され、それぞれの駅から徒歩10分以内で帰宅できるようにその範囲で宅地開発が行われた。加えて現在ではクリーンディーゼルバスも運行し、より細部まで交通網が張り巡らされている。大半のニュータウンは車なしには暮らせない。人口が減少すれば公共交通機関の維持が難しくなり、高齢者には生活しづらい街になっていくのとは大きな開きがある。

街には認可保育園が10箇所、学童保育所が8箇所あり、そのうちの1つでは学童と高齢者グループホームを併設。多世代が自然に交流する環境がつくられている。高齢者向け施設も介護老人保健施設から特別養護老人ホーム、介護付有料老人ホーム、在宅支援センターまで揃う。まさしく、ゆりかごから墓場までだ。高齢になった親を呼び寄せて近距離に住んだり、独立して出ていった数年後に戻ってきたりする子どもも多い。住人たちは自分の住む場所に深い愛着を持っている。ユーカリが丘の掲げるコンセプトは「1000年先まで発展しつづける街」。その言葉は伊達ではなく、住人と企業が共に街づくりに取り組んでいる。

一方通行のすごろくから循環型の住まい選びへ

街ぐるみで将来を見据えて備えてきたユーカリが丘は、特殊な成功例に思えるかもしれない。だがこと住宅に関しては、住み替えしやすい仕組みを設けることは他の地域でも可能だ。

たとえば千葉県流山《ながれやま》市では自治体が住み替え支援を行っている。戸建てを持て余すようになった高齢者が、このまま住み続けるべきかリフォームすべきか、もしくは駅近で利便性の高いマンションに移ったほうがいいのか、自分で相談して回るのは手間が大きい。「安心住み替え相談窓口」では市職員だけでなく不動産事業者、設計事務所、工務店がチームとして参加し、物件調査から入居までワンストップで支援する。逆に戸建ての購入を検討している子育て世代に対しても同様のサポートを行う。流山市は人口増加率が6年連続全国1位になったことで知られるが、こうした施策も一役買っているのだろう。なお、〝なんとなく空き家〟率は3・2%と、千葉県平均の4・8%に比べて低い数値に留まる。

ユーカリが丘の岡本さん夫婦は、今後もなじみのある地域の中で住み替えて暮らしていきたいと考えている。

「いずれ夫婦2人になって高齢になったら戸建てを維持するのも大変だと思うので、そのときにはまたマンションという選択肢も出てくるのかなと思います」（真理子さん）

一足先にそのルートをたどった星野さん夫婦の夫・高さんは、こう語っていた。

「以前は人生すごろくみたいなものがあって、はじめは社宅、それから家を買って、後は余生をそこで過ごすという感じだったと思います。でも今は平均寿命がどんどん伸びて、変わってきていると思うんですよね。自分たちが愛着を持って過ごしてきた家がぼろぼろになって朽ちていくよりも、新しい人たちに使ってもらったほうがうれしいよね」

ひたすらに〝上がり〟を目指す一方通行の流れから、生活スタイルやライフステージに合わせてベストな居住形態をそれぞれが選ぶ循環型の流れへ。新築至上主義ではなく、既存の住まいを活用して持続可能な街を皆でつくる。それは今よりもっと自由で心地よい暮らしにもつながっていくはずだ。

家は未来へのバトンになり得る。放置すればただただ自分たちや次世代の負担になってしまうものも、誰かの夢を叶えたりつながりを生んだりする場所として活かせるのだ。人口が減って社会の縮小が止まらない現状を嘆くのではなく、今を好機と捉えて社会のあり方を変えていく必要がある。そのためには私たち一人一人が自分の住まいや街と向き合い、価値観を変えていかなければならない。言い尽くされた言葉ではあるが、結局のところ鍵を握るのはそうした姿勢になるのだろう。

おわりに

この本をここまで読んでいただきありがとうございます。

今回の『ＮＨＫスペシャル』の元になったのは『クローズアップ現代』で２０２２年10月に放送した「老いるマンション」と２０２３年5月に放送した「急増！〝なんとなく空き家〟」です。どちらも放送すると大きな反響をいただきました。その中には「うちのマンションの窮状を聞いてほしい」という声や「私のどうにもならない空き家を取材してほしい」というお便りもたくさんありました。

番組に多くのお便りをいただくときの傾向は、たいてい「異口同音《いくどうおん》」です。全国に〝同じ悩み〟を抱えていらっしゃる方がいかに多いか驚くことが多いのですが、今回は違いました。一人一人住む地域や家庭の事情などによって問題が異なる「十人十色」

の問題だったのです。試しに会社の同僚に聞いてみると、実家の心配などさまざまな事情に悩んでいる人が多いことに気付かされました。

そこで、今回は通常と違い、なるべく1つ1つの悩みに向き合うような番組にしたいと考えました。都会から地方まで日本全国を取材し、あえてバラバラのケースを取り上げた〝雑誌のような番組〟です。

さらに、今回は番組だけでなくNHKのホームページ「みんなでプラス」で、一日一問のペースで問合せに答えていきました。(https://www.nhk.or.jp/minplus/0143/)

この本の巻末にも、一部が抜粋されています。お金の悩み、家族や親族の悩み、近くの住人との悩み……本当にいろいろな悩みがあります。みなさんの悩みに近いものもあるかもしれません。1人でも多くの方にヒントや、お役に立てるポイントがあったらとてもうれしいです。

空き家やマンションの問題は、先述のようにこれまでも『クローズアップ現代』でたびたび取り上げてきました。15年前に放送した「急増する〝荒廃〟マンション」では、取材に非常に苦労したそうです。自分のマンションの資産価値が下がることを懸念して、なかなか取材に応えていただける方が見つからず、撮影に苦心したと聞いています。しかし今は、資産価値よりも「この窮状をわかってもらいたい」という思いでお便りを寄せてくださったり、取材に積極的にご協力いただけたりする方が増えました。当時の番組に携わっていたスタッフは隔世の感があると驚いていましたが、この問題に悩まれる方の数が増えているだけなく、その悩みが深くなっている証左だと考えています。

なぜこれほどまでに悩みが多様になり、深くなってしまったのでしょうか。

番組の第1回のテーマである「空き家」が増えている原因は、単に人口が減ったからではなく、高齢者と若い世代の人口比率に大きな差があることから生まれています。番組で紹介した「住宅すごろく」が成り立ったのは核家族化が急速に進んだからですし、首都圏の周りに生まれたベッドタウンや、地方の経済の落ち込みも、空き家やマンション問題に大きな影響を与えています。取材していて驚いたことの1つは、実は空き家問題は、世界の中で日本に特有の問題だということです。そう考えると、この問題は住まいだけに留まらず日本全体の問題なのだなと感じています。

この本に何度も登場する〝なんとなく空き家〟も、日本社会の1つのあり方を象徴しています。売ろうと思えば売れる都会の空き家が特に使われるわけでもなく「なんとなく」放置されている。処分しようかとは思うけど、「なんとなく」後回しになっている……これは国の構造以上に「日本的」な現象ではないでしょうか。問題があるのに直視せず現状維持で済ませてしまっている「なんとなく」が、現在の日本にはたくさんあります。〝変化への対応が一番遅れるのは勝者である〟という言葉がありますが、戦後著しく成長してきた意識が、日本にはいまだに根付いている表れであるという気がしてなりません。

世界的に例のない、この空き家大量発生にどう向き合っていくか、その対策の1つである国の政策にも注目する必要があると思います。ヨーロッパなどに比較すると、日本では私有財産である家屋や土地については建築の制限をあまりしてきませんでした。一方、経済対策としての住宅政策には力を入れてきた経緯があります。住宅ローンの減税や補助金などは、多くの人が家を買えるようにするのに必要だっただけでなく、不況時などの経済政策としても大きな力を発揮していたのです。これからの人口減少社会に、これまでの流れを見直す必要性があるのです。

番組の第2回のテーマである「マンションの老朽化」は、取材している中で、空き家よりも難しい問題ではないかと感じていました。建て替えにかかる費用は莫大ですし、隣の部屋に住んでいる〝赤の他人〟と足並みをそろえるのも難しい。

そんな中、札幌や京都など住民の力で立ち向かっている全国の人々や住み替えの取り組みに勇気づけられました。これから中古市場やリフォーム、耐震工事など既存の建物をいかに活用していくか、高騰する建築資材や環境問題への対応としても大切な方向性になってくると思います。

加えてこの老朽マンションを取材する中でこれまで以上に浮き彫りになった「孤独化」にも、空き家と同様に「日本的」課題を見て取ることができます。「住まい」について考えることは、日本の課題をまるごと考えることだったのです。

∴

最後になりますが、何よりもまずこの番組の取材にご協力いただいた皆様、本当にありがとうございました。先述したように15年前はこうした問題に協力してくださる方はほとんどいなかったそうですが、その中で社会のためになればとご協力いただいたこと、重ね重ね御礼申し上げます。

番組にご出演いただいた久保依子さん、齋藤広子さん、野澤千絵さん、和田貴充さんにも感謝申し上げます。久保さんには千葉のニュータウンの住み替えの事例をはじめ、取材すべきテーマや場所について具体的に教えていただきました。齋藤さんは番組で紹介する事例にわざわざご自身で足を運ばれて下調べをされたというのが印象的でした。そのフットワークの軽さに頭が下がります。野澤さんには、番組で紹介した地図を作成いただきました。さまざまなデータを組み合わせた正確な解析や読み解きは番組の大きな力となりました。そして和田さんには、行政や一般の方の相談に多く乗ってこられた「現場の力」を存分に発揮していただきました。どのゲストを欠いても今回の番組は制作できなかったと感じています。ありがとうございました。

そして今回の番組の取材・ロケにあたったディレクター諸氏。同僚ではありますが、今回は改めて取材陣の頼もしさを感じました。

空き家を継続して取材し、常に深く正確な情報を届けてくれた荒川あずさディレクター。海外取材という制約のある中でアメリカの取り組みを取材し、デジタル展開も手がけた占部稜ディレクター。悩めるマンションやその対策などを探し、見事な映像で描いた中松謙介ディレクター。ディレクターたちを支える存在でありながらユーカリが丘の取材を見事に果たした野田洋明ディレクター。番組全体の演出を行い、この住まいの問題をいかにして届けるか考え抜いてくれた荒井拓ディレクター。番組を陰で支えながら、『あさイチ』や『おはよう日本』などと部局を越えたコラボを実現してくれた阿部公信デスク。そしてディレクター陣の兄貴分的な存在で制作チームをまとめた細田直樹プロデューサー。中でも番組の企画から大きな役割を果たしたのが棚谷克巳プロデューサーです。棚谷さんは、この番組が放送された10月末で定年を迎えられました。NHKに入って40年以上、常に制作の第一線に立ち続け、農業や貧困、地方の再生など、日本の根幹となる社会問題に向き合い続けた棚谷さんのメディア人としての矜持《きょうじ》や批判精神にたいへん勉強させていただきました。

さらに、この本の企画をしていただいたマガジンハウスの田頭晃さん、我々の取材結果を映像が浮かぶようないきいきとした文章としてまとめていただいた斎藤岬さん。出版の素人である私たちにさまざまなご指導をいただきながらこの本は完成しました。ありがとうございました。

この「住まい」の問題は、まもなくもっと大きく広がってくるはずです。取材をしてほしいという情報提供も多く寄せられていますし、放置すれば国を揺るがしかねない大問題につながると考えています。

これからも継続して取材を続け、どうすればこの危機を乗り越えられるのか提言をしていくことはNHKとして大切な役割だと考えています。もしかしたらあなたの町にも取材に行くかもしれません。

ＮＨＫチーフ・プロデューサー　本間一成

では『インタビューここから 音楽家 小室哲哉』『令和ネット論』、『NHKスペシャル』の「私たちのこれから」「AIに聞いてみた どうすんのよ!? ニッポン」などの番組制作に参加。

細田直樹（ほそだ・なおき）
NHKプロジェクトセンター チーフ・プロデューサー。これまでディレクター・プロデューサーとして、『NHKスペシャル』『クローズアップ現代』『ドキュメント72時間』など、ドキュメンタリー・調査報道・近現代史等の番組制作や新番組開発を担当。今回の「空き家問題」も含め、社会問題の指摘・分析だけでなく、課題の解決に役立つコンテンツ・フォーマット制作にも取り組んでいる。

本間一成（ほんま・いっせい）
NHK第2制作センター（社会）チーフ・プロデューサー。1975年宮城県生まれ。『NHKスペシャル』『クローズアップ現代』『プロジェクトX』『プロフェッショナル』など主にドキュメンタリー番組を制作。歌舞伎や落語といった日本の伝統文化から科学技術、経済政策まで幅広く取材してきた。

※文中の役職は2023年放送時のもの。

占部稜（うらべ・りょう）

NHK第2制作センター（社会）ディレクター。1989年兵庫県生まれ。仙台局に5年間赴任し、『NHKスペシャル』の「風の電話」など東日本大震災のドキュメントや報道番組の制作に携わる。2016年夏から現職。映画『この世界の片隅に』と連携した『#あちこちのすずさん』やVR空間を活用したドキュメント『プロジェクトエイリアン』など"課題解決型ジャーナリズム"をテーマに番組制作に携わる。

棚谷克巳（たなや・かつみ）

NHK第2制作センター（社会）チーフ・プロデューサー。1958年東京都生まれ。『クローズアップ現代』の「急増する住宅ローン破産」「商店街が消えていく」「急増する"荒廃"マンション」、『NHKスペシャル』の「雪の墓標～奥会津・葬送の風景～」「セーフティーネット・クライシス」（日本ジャーナリスト会議賞）など、日本の地域、住宅、都市計画、社会保障などをテーマに番組を制作している。

中松謙介（なかまつ・けんすけ）

フリーランスディレクター。1983年富山県生まれ。2017年から『クローズアップ現代』の特集を担当。海賊版サイトやフェイク広告の問題を追う「ネット広告の闇シリーズ」などを制作。

野田洋明（のだ・ひろあき）

フリーランスディレクター。1975年茨城県生まれ。2013年からフリーランスとして各放送局の番組を制作。NHK

●NHKスペシャル「老いる日本の〝住まい〟」取材班

阿部公信（あべ・きみのぶ）
NHK第2制作センター（社会）ディレクター。1983年福島県生まれ。福井局、制作局、大分局などで『プロフェッショナル 仕事の流儀』の「ただ、ひたすら前へ 競走馬・オグリキャップ」、『財前直見のおおいた暮らし彩彩』などを制作。現在、『クローズアップ現代』『1ミリ革命』でデスクを担当。視聴者からの情報提供を活かして、空き家や地域活動の担い手不足など地域課題の解決を目指す〝エンゲージドジャーナリズム〟に力を入れている。

荒井拓（あらい・たく）
NHK第2制作センター（社会）ディレクター。1977年東京都生まれ。『NHKスペシャル』『ハートネットTV』『クローズアップ現代』などで、報道・ドキュメンタリーからバラエティーまで幅広く制作。『NHKスペシャル』の「命と向き合う教室～被災地の15歳・1年の記録～」、『立つ女たち～女性議員15％の国で～』で地方の時代映像祭グランプリ受賞。マイノリティー、性教育などについて、数多く取材している。

荒川あずさ（あらかわ・あずさ）
NHK第2制作センター（社会）ディレクター。1994年栃木県生まれ。宮崎放送局に赴任し、限界集落での看取りの取り組みを追った『ハートネットTV』などを制作。現在は『クローズアップ現代』を担当。『クローズアップ現代』の「急増！〝なんとなく空き家〟」など、住まいに関わる問題などを中心に取材。

リフォーム工事をしてもよい範囲を決めておき、理事会への申請で工事可能にしておくことなどの対応も考えられます。高齢化が進んでいるマンションはニーズに合わせた管理規約の改正を検討してみてはどうでしょうか。

置、ガス器具の電化などです。

高齢者は皮膚の感覚が弱くなり、温度を感じにくくなります。築年数の経過したマンションでは、追い炊き機能がなく風呂の湯を温め直すために高温の差し湯をしなければならないことがあります。高齢者の場合、この際に誤ってお湯に触れて火傷をしてしまう危険性があるのです。ただし、追い炊き機能を追加するには、給湯管を通すためにコンクリートに穴を開ける必要があります。この工事は共用部分の変更にあたり、事前の調査と管理組合の総会決議が必要になります。

車いす等の移動用レールは、コンクリートにレールを固定するためにアンカー等を打ち込む必要があります。火事の危険性を減らすためにオール電化にするには、配線や配管工事が必要です。いずれも同様に共用部分の変更にあたります。

こうした工事のリフォーム申請は、実際に高齢者が怪我をしたなどの切羽詰まった状況になってからの相談になることが多いです。しかし、管理組合の総会は年に1回。臨時総会を開催するにしても、時間がかかってしまいます。また、ご高齢の方は、今まで使っていた機器などは利用できても新しいものはなかなか使い方を覚えられないというお話もよく聞きます。

そのため、事前に管理規約を改正して高齢者向けどして、何曜日の何時頃に何台のデイサービス車両がマンション内に駐車する必要があるのか、調査しましょう。

特定の日時に偏っている場合は、該当住戸に調整をお願いするようにします。また、住民を通してデイサービスの事業者にも連絡ができるようであれば、

①来客用駐車場に駐車車両があるときには、別の利用者を先に送迎してから再度マンションに来てもらう

②近隣の時間貸し駐車場を利用してもらう

など、調整を依頼してみましょう。

なお、来客用駐車場は無料でしょうか？　有料にすると使用者が減ったり利用時間が減ったりして、空きが生じることもあります。ご高齢の方に経済的な負担をかけたくないという気持ちもあるかと思いますが、調整できない場合は有料化も検討してみてください。

Q30 高齢の親がマンションで一人暮らしをしている。築40年を超える物件で安全に暮らしてもらうためにリフォームを検討しているが、どんな点に注意すべきか。

A 高齢者向けのリフォームとしてご相談が多いのは、追い炊き機能の追加、車いす等の移動用レールの設

おすすめします。

工事業者が修繕等のコンサルティング会社の場合、国土交通省が発出している「設計コンサルタントを活用したマンション大規模修繕工事の発注等の相談窓口の周知について（通知）」を参照してみてください。すでに業者とトラブルになっているのであれば、相談窓口を活用しましょう。また、こちらの通知では具体的な不適切事例が紹介されています。今はトラブルに至っていなくても、当てはまるような事例が万が一あれば、理事会に相談してみましょう。

ご相談のマンションは、初めての大規模修繕工事ですでに資金が不足しているとのこと。この場合、第2回の修繕工事に向けて、積立金を値上げしなければならないことはほぼ確実だと思われます。今回の工事をきっかけにして長期修繕計画をしっかりと見直すことをおすすめします。

Q29 住人が高齢化してデイサービスを利用する人が増え、送迎車の駐車場所が問題になっている。マンションの目の前で路上駐車をしており非常に危険。来客用駐車スペースを設けたが、介護に訪れる親族の車ですぐ埋まってしまう。

A まずは、駐車場の利用状況の現状を把握することから始めます。各住戸にアンケート用紙を配布するななどもあります。

あるいは、お住まいの地域の自治体が開催するマンション管理セミナーや無料相談会に参加してみたり、管理組合を支援するNPO法人の会員になったりすると、外部の専門家に依頼するよりも安価にアドバイスを受けられたり、同じような悩みを抱えるマンションと情報交換ができたりするかもしれません。また、お子さんがいらっしゃるようでしたら、同じ学校に通っているママ友・パパ友のネットワークを使って、近所の同じような築年数のマンションの理事長にコンタクトを取ってみるのも1つの手段です。

Q28 初めての大規模修繕を迎えているが、修繕費が足りないという話になった。理事会の役員や修繕委員が業者の言いなりになっている気がして不安。

A まず、「業者のカモにされているのではないか」というご不安についてお答えします。工事を実施しているのが管理会社であれば、担当者に疑問点を直接聞いてみてはいかがでしょうか。所有者であれば管理会社に連絡をとることができます。また、大規模修繕工事の実施前には、住民説明会や総会が開催されると思います。その場で聞いてみることもできます。不安に思うだけでは進みません。直接の対話を

しまった。高齢化も進んで管理組合の今後が心配。

A 自主管理マンションは多くの場合、強力なリーダーシップを発揮する方を中心に運営されています。その方がいなくなり後継者もいないと、**一気に管理不全と呼ばれる状況に陥ることがあります。**費用の負担はありますが、管理会社に委託することも視野に入れたほうがいいかもしれません。現時点では自主管理でうまく回っている管理組合でも、リーダーが不在となったときにどうするか、自主管理をやめるのか、今から後継者を育成するのかなど検討しておいたほうがいいでしょう。

資金的な都合などで自主管理を継続するのであれば、誰かが立ち上がる必要があります。ご相談者さんも所有者の1人ですから、ご自身が立ち上がることも検討してください。もしくは有志の方を募るなど、現状を打開するよう行動する必要があります。

まずは情報収集をし、お住まいのマンションが今どんな状況にあるのかをしっかりと把握して、それから将来の解決策を考えていきましょう。現在は、マンション管理に関する情報が公益財団法人マンション管理センターや一般社団法人マンション管理業協会、住宅金融支援機構など信頼の置ける団体から発信されています。きっと役に立つものがあるはずです。地域によっては行政の専門家派遣の支援制度ミュニティ、価格……どこかに折り合いをつけてきたのではないでしょうか。

それはシニアになっても同じです。戸建て、分譲マンション、高齢者向け住宅、賃貸マンション、いずれをとっても完璧な住まいはありません。

高齢者向け住宅は、所有形態、サービスの内容、介護の程度などにより、「介護付き有料老人ホーム」「サービス付き高齢者住宅」「シニア向け分譲マンション」などに分類され、料金体系もさまざまです。高齢者向けといっても、要介護度が上がるとさらに住み替えが必要になることもあります。また、改善されつつありますが、賃貸住宅では高齢者が入居を希望しても貸主から断られてしまう現実があります。そして分譲マンションでは住み続ける限り修繕や建て替えの費用を捻出する必要が生じます。

自分のライフプラン、マネープランにあった住宅はどのようなものか、ぜひ考えてみてください。完璧を求めると物事は先に進みません。今のマンションに住むよりも良い住宅があれば転居するべきですし、やはり現状が良いと思われるのであれば、今のマンションの将来を他の住民と一緒に考えていきましょう。

Q27 自主管理マンションで、今まで住人をとりまとめてくれていたリーダー的存在の方が転出して

とつだと考えられます。孤立死を防止するには、この見守りが有効だと思います。

季節に合わない服装をしている、ごみ出しのときにちぐはぐなサンダルを履いていたなど、「様子がおかしいので親族に連絡したほうがいいのではないか」と住人の方から連絡をいただいて行政の福祉部門などに相談をし、社会的な孤立が改善されたというお話をマンション管理に関わる方からうかがうことはよくあります。

見守りができていれば、残念ながら孤立死に至った際にも早期に発見することができます。玄関ドアの前に定期購入の荷物が積み上がっている、宅配弁当が食べられないまま置いてある……こうした情報から孤立死を早期に発見できた事例は多いです。

「気にかけてそっと見守る」、そういうコミュニティの形成を目指してみてはどうでしょうか。

Q26 いずれ年を取って収入が減り、身体も万全ではなくなると思うと、このまま分譲マンションに住み続けるか悩んでいる。元気なうちに処分してサービス付き高齢者向け住宅や賃貸に移ることも視野に入れたほうがいいのか。

A 今までにお住まいを探したことがあれば、「100点満点の住宅は存在しない」ということにお気付きだと思います。駅からの距離、広さ、間取り、地域コの関連法規、さらには個人のファイナンシャルプランニングなどができる知識を持ち合わせている相談先がないと、管理組合だけでは合意に至ることは難しいでしょう。自分の人生設計をご近所さんに相談するのはなかなか抵抗のあることだと思います。第三者のプロにこそ打ち明けられる話もあるはずです。長年結論が出ずにいるのであれば、そろそろプロに相談してはいかがでしょうか。

Q25 今住んでいるマンションは住人同士の交流がほとんどない。自分も含めて高齢化が進んでおり、いずれ孤立死する人が出てきそうだが、今さらコミュニティをつくるために動くのも正直面倒に感じる。

A コミュニティというと、イベントの開催や趣味のサークル活動といったものを想像される方は多いと思います。しかし、残念ながらこうした活動に参加されない人をいくらお誘いしても、参加される確率は非常に低いものです。「隣は何をする人ぞ」という言葉に象徴されるように、もともとマンションには濃厚なご近所づきあいを嫌う方が多く住んでいる傾向があります。

コミュニティとは何もイベントやサークル活動だけではありません。「気にかけてそっと見守る」こともマンションだからこそできるコミュニティのひ恵を受けられるような好立地にあるマンションが建て替え時期を迎えていたため、不動産会社が参入して建て替えることができました。そのせいか「いずれは自分のマンションも追加の費用負担なしに建て替えることができる」という認識を持っている方は少なくありません。

しかし、これから建て替えの時期を迎えるマンションは恵まれた条件にあるものばかりではなくなります。さらにいうと、実はそもそも日本ではマンションを建て替えた事例は300件に満たないのです。

ただ、ほかにも以下のような選択肢はあります。

①時期を決めて修繕し続ける

②1棟まるごとリノベーションする

③敷地売却

この中のどれが最善策か結論を出すには、十分な比較検討が必要です。検討にあたっては所有者個人のライフプランが大きく関わってきます。住宅ローンがいくら残っているのか、子育て世代であれば子どもは何歳でこれからいくらかかるのか、高齢者であれば子どもにどのような資産を残したいのか、最期はどこで迎えたいのか。1人1人の事情と、マンションの将来の掛け合わせから結論を導いていくことになります。

建て替えの検討は所有者の人生設計そのものです。区分所有法やマンション建て替え円滑化法など

④第三者管理者方式を導入する

マンション管理士や管理会社など所有者以外の者を管理者とし、理事会を廃止する。上記①から③のいずれを採用してもなり手がいないときに検討されることが多いです。ただし、管理会社の管理者就任は問題点もあり、国土交通省のガイドライン設置が待たれています。

いずれにせよ、なり手不足の根本的な原因は、役員の仕事が「やりたくない」「面倒だ」とネガティブに捉えられている点にあると思います。この役割をもっと魅力的にするにはどうしたらよいかを同時に考えることが必要です。たとえば、ビジネスパーソンが行う「異業種交流会」を取り入れてみてはどうでしょうか。役員同士、差し支えない範囲でどんな仕事をしているのか互いに明かし、理事会と併せて異業種交流会を開催するなどして、「理事会に行ってみたい」「役員をやってよかった」と感じられる場づくりを行うのもひとつの手かと思います。

Q24 建て替えをめぐって揉めている。そのままでいいという高齢世帯と、建て替えたい現役世帯で意見が割れたまま年月が経過してしまった。

A もしかしたら相談者さんは、老朽化したマンションは最終的には建て替えるものだと思っているのかもしれません。これまでは容積率の緩和措置による恩

す。一方、自主管理ですと自分たちで督促する必要があります。「ご近所だから言いにくい」という気持ちもあるかと思いますが、放置しているとどんどん額が膨らんでしまいます。

督促しても支払われなければ法的手段を講じることになります。その際は弁護士に依頼することをおすすめします。「ご近所同士で裁判沙汰なんてとんでもない」と思われるかもしれませんが、**諦めて放っておくといずれ大規模修繕をする際にトラブルにつながりかねません。**心を鬼にして対応してください。

Q23 管理組合の役員のなり手がいなくて困っている。

A 役員のなり手不足問題に対しては、主に次の４つの解決策が使われることが多いです。

①役員に就任できる人の範囲を拡大する

現に居住する所有者に限られている場合は、外部に居住する所有者、さらには所有者の配偶者や親族に拡大し、理事になることができる人を増やします。

②役員定数を減数する

今まで役員が７人だったところを５人に減らすなど、少数でも理事会が成立するようにします。

③役員報酬を支払う

役員に就任した人に一定額を支払う。年間１万円前後の事例が多いです。

÷専有面積＝㎡単価を計算してみてください。機械式駐車場がある建物なら、台数も確認します。それらの数値をガイドラインと照らし合わせれば、積立金の額がどのくらい不足しているのか判断する目安となります。

なお、積立金が不足している場合は、段階的に値上げしていく方法と、一時金を徴収する方法があります。どちらにするかは管理組合の総会の決議によりますから、総会には積極的に参加することをおすすめします。

Q22 管理費を払ってくれない住人がいる。どう対応するべきか。

A 管理費等は住宅ローンなどに比べて低額であることが多く、しっかり督促すれば支払われる可能性が高いことがマンション管理業界ではよく知られています。たとえば手元に3万円しかない状態で10万円のローンの支払いと2万円の管理費等の支払いがあるとき、たいていの人は「まずは管理費等を先に支払ってしまおう」と思うからだと考えられます。2カ所の支払先から「払え」と督促を受ける前に、どちらか一方を解消しておこうとするのが人間の心理なのでしょう。

管理会社に管理を委託しているマンションであれば、管理会社が一定期間、督促をしてくれるはずで

A まずはお住まいのマンションの資金計画がどうなっているのか、長期修繕計画書と資金計画書を確認しましょう。大規模修繕工事は長期修繕計画に基づいて実施されますから、それらの書類を見れば、いつ頃に修繕工事をするのか、今の積立金で足りているのかがおおよそわかります。お手元になければ、売買の際に不動産会社から渡された重要事項説明書を探してみてください。付属書類として添付されているケースが多いです。

それでも見当たらないときは、管理組合に閲覧請求をしてみましょう。手続きの方法は管理規約に記載があります。たいていの場合は、氏名や閲覧したい書類の名前を書いて理事長に提出することになります。「閲覧請求」というとなんだかものものしい感じがして抵抗があるなら、理事長のお宅を訪問して「このマンションのことを教えてください」とお願いしてみるのもいいかもしれません。

積立金の金額は、工事に必要な額を年数と所有者の持分割合で按分《あんぶん》して決定されています。ただし、一度決まった金額が将来も継続するとは限りません。必要に応じて値上げしたり、それでも不足するときは一時金を負担したりしなければならないこともあります。金額については国土交通省の「マンションの積立金に関するガイドライン」を参考にするとよいでしょう。今、ご自身で支払っている積立金せん。たとえば給水管の劣化を放っておくと、管にピンホールという微小の穴が開き、そこから漏水が発生します。特に上階から下階への漏水は深刻なトラブルに発展することがあります。よくあるのが、上階の人は普段通りに生活していただけなのに知らぬ間に専有部分の給水管が劣化していたせいで漏水が起こり、下階の人から損害賠償請求をされるパターンです。洗濯機の水をあふれさせたようなときと違って漏水の原因に自覚がないため、上階の人は突然の請求に「自分は何もしていない」と主張します。加害意識がないまま起きる事故であるという特徴が、トラブルを大きくさせる原因となっています。

放置して事故が多発すると、管理組合が加入している火災保険の保険料が増額になることもあります。いずれかの住戸ですでに漏水事故が発生しているようであれば、早期の工事実施が望まれます。

他の所有者の認識が不足しているようであれば、理事会に働きかけて「当マンションではすでに○件の漏水事故が発生しています」というお便りを配布するなど、状況がひっ迫していることを伝えていく努力が必要です。

Q21 物価高で修繕費が高騰していると聞く。住んでいるマンションの修繕積立金が十分なのか不安だ。確認するにはどうしたらいいか。

ウス事業者に借り上げてもらう等、こちらも活用の検討方法と同様にひとつひとつ判断していきましょう。

そして何より、1人で悩まないでください。**雑談でもいいのでご家族やご友人に相談してみましょう。**その後、より専門的な話が必要になった際には、不動産会社や自治体が用意している相談窓口に相談してみてください。ご自身の気持ちの整理と共に少しずつ前に進めることを願っています。

マンション編

監修：久保依子（マンションみらい価値研究所）

Q20 マンションが老朽化し、給水管のひび割れなどあちこちに不具合が出てきている。お金がかかるので大半の住人は修理に消極的だが、このまま放置するとどんな問題があるか。

A 建物の管理不全を放置しておくと、**マンション管理適正化法に基づいて行政から指導・勧告を受けることがあります。**さらに放置すると、中古マンション市場での評価が下がり、値段がつかず売却すらできなくなる可能性があります。1円でも売れないマンションは実際に存在しています。

小さな不具合に見えてもそのままにしてはいけま

す。今後の生活をより良くするために、現在の住まいを変えてみるのも1つの方法かもしれません。

Q19 実家を相続することになった。母の思い入れが強かった家のため、手放すのはためらいがある。シェアハウスとしての活用に興味があるが、いずれにせよ1人では決めかねて悩んでいる。

A お母様の思いを知っていると、気持ちの整理にはより時間が必要ですね。

その地域でどのような活用ができるか、情報収集をすることから始めてみてはいかがでしょうか。空き家活用にはどれもメリットとデメリットがあります。そこを把握した上で、建物を残したいか残したくないか、土地を残したいのか、賃貸経営できるか……など、1つ1つにYES／NOの判断を積み重ねた上で決断されることが重要です。

シェアハウスに興味をお持ちとのことですが、自身でのシェアハウス運営はなかなかハードルが高いものです。立地は適しているか、ターゲットは誰にするか、現状の建物の造りは対応できるものか等、プランニングが必要となります。複数の入居者と契約締結するなど、シェアハウス特有の管理業務も発生します。

自身で対応できない部分は不動産会社に依頼する、もしくは自身での経営が難しい場合はシェアハ

A お子さんたちが祖父母の家と実家について、どのような考えを持っているか聞いたことはありますか？誰かがいつかは利用したいと考えているのであれば、どのように資産として所有していくかを考えればいいと思います。ただ、全員が使用しないということであれば、家族全員で検討するいい機会なのではないでしょうか。

Q10でもお伝えした通り、不動産は相続の際に現金と違って単純に分けることができません。**子どもたちに相続の際に迷惑をかけない、つまり子ども同士で揉めない状態にしておくことも、遺す側である親の役目ではないかと思います。**

現在、戸建てに1人でお住まいなのでしたら、この機会に双方をまとめて売却し、たとえば駅近のマンションの購入費に充てるというような住み替えを検討してはいかがでしょうか。かつて家族のために郊外の戸建てを購入したシニア世代が、子どもが独立した後、買い物や通院等に便利な都心マンションに住み替えるケースは増えています。それによってセカンドライフがより充実したという方も少なくありません。利便性の良いマンションであれば、相続が発生した際、賃貸活用としても需要があり、また不要であれば売却もしやすいです。

子どもたちにとっての一番の相続対策は、「親が自分たちのお金は自分たちで使う」ことだと思いま

て「定期借家契約」は貸主側が定めた期間で貸し出す契約となっており、更新という概念はなく期間満了を以《もっ》て契約が終了し、入居者は退去となります。

ただ、入居者にとっては退去日が決まっているわけで、短期間での契約となると借り手が見つかりにくい傾向があります。そのため定期借家契約を検討する際には3年以上の契約期間で考えることをおすすめします。

また、賃貸活用に関してよくあるお悩みが「必要な改修費用を自己資金でまかなえない」というものです。そうした方に向けて、不動産会社等の事業者が建物を一定期間借り上げてリフォーム代を負担し、賃貸経営を引き受ける仕組みを提供するプランも増えてきています。得られる家賃収入は自身で賃貸活用を行うより低額にはなりますが、リフォーム費の捻出や管理業務、空室リスクの回避という面ではメリットも多いかと思います。地域にそのような仕組みを提供している会社はないか、ぜひ一度、探してみてください。

Q18 親から相続した空き家に加えて、今住んでいる家も自分が死んだら空き家になる。子どもたちは独立して家を持っているので誰も住まない。どうするか決めかねるので、自分が死んでから子どもたちに処分を考えてもらおうと思う。

産業者など地域に密着している専門家に相談すると魅力的な提案をしてもらえる可能性があります。ただしその場合も、相手の言うことを鵜《う》呑《の》みにするのではなく、きちんと自分で情報を精査することが一番重要です。

空き地の利活用とは「資産運用」に他ならず、大きな意味で「投資」ということになります。よく言われる言葉ですが、「投資は自己責任」。どのように活用するとしても、最終的な責任は所有者である自分が負うことになります。情報が多すぎるので混乱してしまいがちですが、まずはご自身がどのように活用したいか、しっかりと軸を持って検討を進めるようにしましょう。後悔しない活用ができれば、それがご相談者様にとって一番の活用方法です。

Q17 今は空き家になっている実家に、いずれは戻って暮らしたいと考えている。それまでの間がもったいないので賃貸に出して活用したい。ただ、いざ自分が戻るときに住む権利を盾に出ていってもらえないのではないかと不安。

A 賃貸活用では、時期（期間）を区切って貸し出す「定期借家契約」という仕組みがあります。

一般的な賃貸借契約は「普通借家契約」といい、更新型ともいわれますが、貸主側に正当事由がないと入居者に退去してもらうことができません。対しなり、早く売却することができるかもしれません。

Q16 空き家を取り壊したが、その後の土地をどう活用したらいいのかわからない。

A 解体後の土地の活用の種類にはさまざまなものがありますが、**大きく分けると「自分で活用する」もしくは「他人に貸し出す」の２通りです。**

自分で活用する場合は、空き地の売却や賃貸用の不動産を建築して賃貸運営をする、月極の駐車場を設ける、自動販売機などを設置するといった方法があります。

他人に貸し出す場合は、資材置き場や事業用地として空き地を貸し出すといった方法が挙げられるかと思います。

基本的に、自分で活用する方法は初期費用が高額になってしまう傾向が、他人に貸し出す方法は初期費用が低く抑えられる代わりに収益も低くなる傾向があります。そのため、「年間の維持費の赤字を埋める程度の収益を得る」ことを目指すのか、「最大限利活用して、収益を最大化する」ことを目指すのかによって、検討する内容も変わってくるかと思います。立地や賃料相場など空き家の所在地の特性をよく理解し、実現可能性のあるプランを考えることが重要です。

上記のような注意点を踏まえた上で、地元の不動家の処分に悩む方の正直な気持ちだと思います。ただ、現実はそう甘くありません。非常に需要のあるエリアであれば、そのような悩みもないかもしれませんが、**不動産の売却においてほとんどの方は、金額か時期か、何かしらの妥協をすることになります。**

査定があまり良くなくとも、「値段がつくだけよかった」と捉えて早めに売却することを検討されてはいかがでしょうか。どうしようか悩んでいる間に建物の傷みが進み、結果的に査定よりも低い金額での取引になってしまった……というケースはよくあります。

自治体によっては、空き家バンクに登録したり土地・建物を自治体に寄付したりすると助成金が出るなど、空き家活用促進の事業を用意しています。郊外や地方では、こうした制度を整備している自治体が増えてきています。活用できる助成制度がないか、空き家が所在する自治体に一度確認してみましょう。

また、不動産の売却方法も多岐にわたるようになりました。一般的な不動産情報サイト以外にも、郊外の別荘地のみを扱うサイト、田舎暮らしをしたい方向けの物件のみを扱うサイト等、さまざまなニーズに特化したサイトが多く存在します。自身の物件の魅力がどこなのかを見出し、そうしたサイトに掲載すれば、購入したい方から見つけてもらいやすくますし、解体費用も売却前に支払う必要があります。さらに、建物を解体して空き地にすると、翌年から固定資産税が最大6倍になる可能性があります。居住用の住宅が建てられている土地は「小規模住宅用地の特例」という税金優遇制度が適用されています。恩恵を受けている実感はないかもしれませんが、私たちが毎年請求されている固定資産税・都市計画税は6分の1に減額された税額なのです。建物がなくなると優遇制度の対象外になってしまい、翌年以降の維持コストが重くなるというデメリットがあります。

このように、更地で売却するにもメリットとデメリットがあります。今ある住宅を活かして中古住宅として販売するのか、解体して更地を販売するのかは大きな決断になりますので、なかなか即断できないかもしれません。

今すぐにできることとして、現在の売り出し金額が適正かどうか、毎月どの程度の問い合わせが来ているか、更地にした際の想定売却期間など、販売を依頼している不動産会社の担当者と打ち合わせてみてはいかがでしょうか。

Q15 空き家を早く売りたいが、査定額があまり良くない。

A 「早く売りたいけど、高く売りたい！」これは空き

が発生することになります。完全に権利を放棄するのであれば、あらかじめすべての相続人にしっかりと状況を把握しておいてもらう必要があります。ぜひ一度、親族で集まって将来について話し合う機会を設けることをおすすめします。

Q14 不動産会社に空き家の売却を依頼しているが、なかなか売れない。建物を解体して更地にしたほうが売れやすいのではないかと思い始めている。

A 「空き家を売りに出してもなかなか売れない」というのは専門家にもよく寄せられる相談です。すべての不動産は一点もので、同じ商品は2つとありません。そのため、更地にしたほうが売れやすいかどうかは「立地や地域など、その不動産の特性による」というのが正しい回答になります。ただ、これでは参考にならないと思いますので、あくまで一般論にはなりますがお答えします。

今建っている建物の状態にもよりますが、**基本的には更地にしたほうが売れやすい傾向にあります。**新築を検討している購入者からすると、土地の広さをはっきり確認できて解体費を出す必要もなく、すぐに建築工事を始めることができるからです。

ただし、更地にする場合はそのエリアで新築需要があるかどうかをしっかりリサーチする必要がありて、地主側に借地権を買い取る義務はありませんので、あくまでお願いという形になってしまいます。これまでの人間関係などが重要になってはきてしまいますが、解体費用の件などを含めて一度交渉されてもいいかと思います。自治体によっては解体費用の補助制度も用意されています。対象エリアやさまざまな要件がありますが、このような制度を利用できないかどうか、まずは空き家の所在している自治体の役所に確認してみましょう。

そして相続放棄についてはいくつか注意点があります。まず、相続放棄は民法上の正式な手続きであるため、相続開始から3カ月以内に家庭裁判所での手続きを開始する必要があります。さらに、特定の財産だけ権利を放棄することはできないため、相続放棄するのであればすべての財産を放棄しなければなりません。「借地権はいらないが、銀行口座に残った現金は欲しい」という要望は認められないのです。相続放棄したにもかかわらず相続財産の一部を使ってしまった場合などは、すべての財産を相続したとみなされるため注意が必要です。

また、民法では相続の順番が定められており、本来の相続人が相続放棄をすると別の方が相続人となる可能性があります。たとえば、配偶者とお子さん全員が相続を放棄した場合、もし相談者さんにごきょうだいがいらっしゃれば、ごきょうだいに相続権制度と勘違いされてご不安になられているのかと思います。

あるいは障害年金であっても基本的には同じです。ただし「20歳になる以前の病気や怪我で障害が残ってしまったケース」などの特定条件に該当すると、一定の所得により年金支給が制限される制度が存在しますので、この点には注意が必要です。障害年金の支給制限の詳細については細かく取り決められていますので、ご不安であれば最寄りの年金事務所に確認されるのが確実かと思います。

しかし、繰り返しになりますが、基本的には年金受給中に不動産を売っていくら利益が出たとしても支給に影響が出るようなことはありませんので、ご安心いただければと思います。

Q13 借地に建つ空き家を相続した。土地を返すには解体して原状復帰が必要といわれているが、数百万円かかるとのことで払えない。自分が死んだ後に相続放棄をしてもらうしかないかもしれないと考えている。

A たいへん悩ましい問題ですね。借地というと「地主に土地を貸してもらっているだけ」というイメージかもしれませんが、借地権は民法で定められている権利です。この権利自体を地主に買い取ってもらうという方法はあります。ただし、一定の場合を除い親御さんが相続したとのことですので、もともと暮らしていたのは祖父母世代だと思います。孫世代のあなたにとっては、隣近所の方はほぼ知らない人かもしれません。親御さんがご存命の内に協力しながら話を進めていったほうがいいでしょう。日本の空き家問題では「自分には関係ない、先代・先々代の負の遺産を押し付けられた」というネガティブな意識から、どうしても動きが億劫になってしまう人が多いのですが、気持ちを切り替えて、次の世代には遺さず自分たちの代で解決することを強く意識しながら動いてみましょう。

Q12 親に空き家を手放してほしいが「売ると年金が支給されなくなる」といって先送りしている。本当にそうなのか。

A 年金などの制度は複雑でわかりにくいですよね。不安になるお気持ちはたいへんよくわかります。先に結論からお伝えすると、**不動産を売ったことが原因で年金が支給されなくなるようなことはありません。**

老齢年金は、基本的には「保険料を支払っていた期間で支給額が決まる」制度です。日本の年金制度には、年金をもらいながら働いた場合、お給料と年金の合計が一定額を超えると年金の支給が制限される制度（在職老齢年金）があります。おそらくこの

Q11 親が築50年の空き家を相続して所有している。手放したいが、再建築不可物件で売ることも寄付することもできない。

A “再建築不可物件”とは、「現在建てられている建物をリフォームすることはできるが、解体して更地にしても新しい建物を建てることができない土地・物件」を指します。住宅を建築する際、「接道義務」つまり「幅4m以上である建築基準法上の道路に、建物の敷地が2m以上接していないといけない（都市計画区域や準都市計画区域での建築の場合）」というルールがあります。

住宅密集地をイメージするとわかりやすいのですが、火事などがあった際に道路が狭いと避難に時間がかかって人的被害が増えてしまうので、そうならないように再建築不可にしてしまおうという意図があります。建築基準法が制定された1950年より前に区分されている敷地や建物は接道義務を満たしていないケースが多く見られ、こうしたお悩みは実は多いです。再建築不可物件は新たに建物が建てられないため、売却が難しい物件となります。

では、どうしたらいいでしょうか。**まずは、隣近所の人に家や土地を譲れないか相談してみることを強くおすすめします**。こうした再建築不可物件は、隣地も同じ悩みを抱えていたり、隣地を獲得すれば再建築可能になるケースもあったりします。

するのではなく、**「大切なあなたの実家をどうやって次の世代に遺していこうか」という観点から話をされてみてはいかがでしょうか。**

お子さんがいらっしゃるのであれば、ぜひ巻き込んで話をしてみてください。もしかすると、子どもたちの誰かが「いつかは使用したい」と思っているかもしれません。その「いつか」が今でなければ、それまでの間を貸し出すという**賃貸活用**（定期借家）もあります（Q17参照）。反対に、お子さんたちが相続に消極的であれば、不動産は単純に分割するのが難しい財産です。均等に分けるには、売りに出してお金にする必要があります。

また、もしお子さんがいない場合でも、配偶者にきょうだいがいれば相続人に該当します。よく「子どもがいない夫婦は、どちらか一方が亡くなったら配偶者が全財産を相続できる」と勘違いされている方がいますが、その場合は配偶者だけでなく、被相続人の両親、被相続人の兄弟・姉妹・甥姪にも相続権があるのです。この内の誰かが自己の取り分を主張すれば、その相続分を捻出する必要が発生し、不動産を売却して現金を分割するしかない事態に発展することもあります。

ぜひ、ご夫婦だけで話すのではなく、自身の相続人と共に空き家の将来を考えてみてください。

の立場になったと仮定してみましょう。急に弁護士から連絡が入ると「何事だ？」と身構えてしまいます。まずはお手紙でもいいので、親が亡くなったこと、そして相続が発生し、手続きを進めたい旨を伝えることが大切です。

時間が経つにつれ、相手の連絡先や居住地がわからなくなったり心理的なハードルも上がったりと、ハード面でもソフト面でも連絡が取りづらくなります。「線香の１本もあげに行きたかったのに、なぜもっと早くに連絡をしてくれなかったのか」というやりきれない気持ちが原因で相続がこじれてしまったケースもあります。次の世代にこの問題を引き継がないためにも、**なるべく早くにご連絡することをおすすめします。**

Q10 配偶者が東京都内に空き家を所有しており、立地も建物の状態も良好なので誰かに貸すように言っているが同意しない。いい説得方法はないか。

A 配偶者の方は「家族で過ごした大切な実家を見ず知らずの他人に貸したくない」「誰かに貸したら、返してもらえないかもしれない」といった気持ちなのかもしれません。「貸せばいい」と周りは簡単に言うものですが、所有者本人の気持ちはそんなに簡単ではないのです。「貸す」という選択肢だけで話を

・崖がなく、通常の管理に過分の費用・労力を要しない
・通常の管理・処分を阻害する工作物、車両または樹木が地上に存在しない
・通常の管理・処分を行うために除去すべき有体物が地下に存在しない
・隣接する土地の所有者等との間にトラブルを抱えていない
・その他、通常の管理または処分にあたり、過分の費用・労力を要しない

承認申請を行うには審査手数料がかかり、この手数料は不承認等になった場合も返還されません。空き家を解体して、土地の境界に争いがないことを証明（確定測量）し、土壌汚染がないかを証明すべく土を掘ってサンプルを出して……と、解体費用とは別に数百万円かけて、国に受け取ってもらえるかようやく相談が始まるというプロセスです。国が税金を用いて適正に公平に管理するという意味では正しいのですが、残念ながら空き家の処分方法としてはまだ現実的な答えでないのも事実です。

Q9 親が遺した家について、会ったことのない異母きょうだいに相続の連絡をしなければならず気が重い。弁護士に頼むにも費用面が心配。

A 相手方の連絡先はおわかりでしょうか。ご自分が逆

A 「空き家バンクに登録したから一安心。これで売れる！」と思われている方は意外と多いのですが、残念ながらそんなに甘くはありません。売却までには長い時間がかかる可能性があります。

大切なのは、その間に家の手入れを怠らないこと。建物が廃れるとさらに買い手が遠のいてしまいます。今できることを少しずつ進め、さまざまな媒体を利用して情報発信を続けてください。住まいとしての魅力を伝えるためには、売り主側でお金をかけてリフォームする必要もあるかもしれません。

なお、同じ悩みを持つ方々から「相続土地国庫帰属制度を使えないか」という質問も寄せられました。簡単にいうと「相続したけれど処分に困る土地を、お金を払って国に引き取ってもらう」という制度で、2023年4月から運用が始まりました。ただ、この制度は現在のところハードルが高く、かなりの手間と費用負担が想定されます。対象となる土地は以下のすべての項目をクリアする必要があります。

・建物が存在しない
・担保権や使用収益を目的とする権利が設定されていない
・通路その他の他人による使用が予定されていない
・土壌汚染されていない
・境界が明らかでない土地や所有権等についての争いがない

A 親族の気持ちを重視して年月が経ってしまったとのこと、同じ悩みをお持ちの方はとても多いと思います。実際の管理を行っていない家族や親族は、こちらの苦労を知らずに好き勝手なことを言います。もし数年前に売却していたら、今より建物の状態は良く、買い手がすぐに見つかったかもしれません。また、ご自身が今まで費やしてきた手間や費用は発生しなかったのです。

家の活用に関しては、どんなに親しい間柄であっても必ず意見が違うものです。どう折り合いをつけていけばよいか、非常に難しい問題ではありますが、**まず行うべきはみんなで現状を把握することかと思います。**この1年間でどういう対応が必要になり、それにはどれくらいの費用がかかり、誰が対応するのか。費用や労力を見える化すると、意見がぴったりは合わずとも、同じ方向を向いて話をすることができるようになるものです。みんなの認識が合った時点で、期限を決め、それぞれが気持ちの折り合いをつけていくことが大切です。

自分の気持ちの整理は本人にしかできません。たくさん悩んで、みなさんにとって最善の活用方法を見つけてほしいと思います。

Q8 親が相続した家を空き家バンクに登録したが、内見の希望が1件も入らない。

を捻出するのは金銭的に厳しい。将来子どもたちにできるだけ負担をかけないために今からやっておけることはあるか。

A ご自分の代でどうにかしておきたいという意思、素晴らしいです。子どもにとって、相続、つまり死後の話を親に持ちかけるのはなかなか勇気のいることです。折を見て、あなたからお子さんたちにこの家の将来について相談してみてはいかがでしょうか。

それと同時に、少しずつ家財の整理を行いましょう。**相続した実家で子どもたちが最初に苦労するのは遺品整理です。**売却したくても片付けが終わらないまま数十年経過し、その間に老朽化が進んでますます難しくなる可能性があります。

Q4でお伝えした通り、田舎であっても、近隣の方に引き取ってもらったり事業者が買い取ったりするケースもあります。元気なうちからお子さんたちと共に考えることで、意外な売却先や活用方法が見つかるかもしれません。

Q7 縁あって祖父母の家を相続した。「残しておきたい」という親族の意向で長年にわたって管理を続けてきたが、負担が大きい。自治体を通して貸したり売却したりできないか探っているがめどが立たず、解体にもお金がかかる。何か解決策はないか。

また、「任意後見」という制度もあります。将来、判断能力が衰えた際に必要な支援を受けられるよう、本人が信頼できる家族等と契約を結んでおく制度です。代理権目録に不動産を盛り込んでおけば、自宅の売却も可能です。ただ、本人の判断が衰えてきたときに、家庭裁判所に任意後見監督人の申立てが必要となります。任意後見監督人は法定後見制度と同様、専門職後見人が選定されるため、本人が亡くなるまで報酬が発生します。

高齢化が進むにつれ、認知症が関連する空き家の問題は非常に大きくなっています。不動産を売却するためだけの「任意後見」等、新たな解決策を見いだせるような法律の改正や制定の議論が高まることを期待しています。

今は解体することはできませんが、家を保全する行為は可能です。適正な管理を継続することは非常に大変ですから、できるだけ1人で抱え込まないようにしましょう。兄弟姉妹がいるならば必ず相談しましょう。いない場合は自治体の窓口や近所の方に相談してみましょう。家族のサポートや外部の管理サービスを利用する等、周りの力をうまく使って大切な実家を守ってください。

Q6 自分たち夫婦が死んだら今住んでいる家は空き家になるが、売るには田舎すぎるし、解体費用

Q5 母が認知症で介護施設に入所。父はすでに亡く、母名義の実家が空き家になった。管理が大変なので解体したいが、認知症のため法的手続きができずにいる。

A この場合、残念ながら現在の法律では解体も売却もできません。たとえ委任状があったり、認知症になる前に「あなたの好きにしていい」と言われていたりしても、子どもが親の資産を処分することはできないのです。

「成年後見」という制度を使えば、認知症の方の意思決定を別の人が行えるようになります。ただ、認知症発症後の**「法定後見」**の場合、高齢者施設の費用を払うのに十分な資金がないといった理由がない限り、裁判所は不動産の売却を許可してくれません。また、後見人は弁護士や司法書士といった専門職後見人が選定されることが多く、本人が亡くなるまで報酬が発生します。

そうならないためにも認知症発症前の準備が大切です。認知症対策として、よく使われているのが**「民事信託」**です。民事信託とは、委託者（親）が受託者（子ども等）に、一定の目的に沿って財産の管理や処分を委託する制度です。民事信託は、財産の一部、たとえば自宅などの不動産だけを信託することも可能です。

わざ住む人なんかいないよ……」という先入観を持ちがちですが、田舎暮らしをしたい人は案外といらっしゃいます。「過疎地だから」と思い込んでいても、まだまだ人口の多いエリアであることも少なくありません。

まずは諦めずに複数の不動産会社に相談してみてください。不動産会社も千差万別で、得意不得意があります。1社だけの意見で決めてしまわず、いろいろな会社の話を聞いてみましょう。

同時に、自治体が運営している空き家バンクにも登録することをおすすめします。自治体によっては、空き家バンクを利用する物件所有者に対してさまざまな補助制度が用意されています。また、移住・定住者や子育て世代に対する住宅取得の支援補助を用意している自治体もあります。そうした制度を利用して空き家を買おうとしている方もいらっしゃるものです。決して立地の良くない物件であって買い手が現れることはあります。

もう1つ考えられるのは、隣近所の人に「費用はこちらが負担するので引き取ってもらえないか」といった交渉をしてみることです。庭や畑、駐車場代わりに使うという活用方法も想定されます。不動産会社や空き家バンク登録と並行して、自治会や地域の方々にも相談してみるのも突破口になるかもしれません。

最終的には、可能な限り現地に出向いて実際に話をして自分に合うところを見つけていくことをおすすめします。インターネットによる検索は便利で重宝しますが、直接会うことで見えてくるものは多いと思います。手間をかけずに安心や補償を得ることはできません。遠方でなかなか訪問しづらい方は、まずは電話で相談してみてもいいでしょう。

売る際には、事前に「いつ頃までに、価格はどれくらいで、どのように売りたいか」を決めておきましょう。「解体費は買い主に負担してほしい」「家財もすべて現況のまま売りたい」「年末までには売却したい」等、大まかで構いませんので、自身の希望を持っておくことが重要です。もしかしたら実現が難しい希望かもしれません。それに対して不動産のプロとして「なぜ難しいのか」「この方法であれば可能かもしれない」など、熱意を持ってさまざまな方向から提案をしてくれる不動産会社に依頼したいですね。

Q4 田舎の空き家を持て余している。地元の不動産会社からは「不便な地域だから買い手がつかない」と言われた。

A 「田舎だから売れない」とは一概には言えません。

地方から都市部に生活圏を移した方の多くは、もともと住んでいた地域に対して「あんなところ、わざを読み取ることができます。

まずは実体のある会社なのかどうかを把握するために、**会社の住所、代表者の氏名等の基本情報や宅地建物取引業免許番号等の資格の有無を確認します**。免許番号に含まれる(1)や(2)という数字は5年ごとの免許の更新回数を示し、この数字からおおよその営業年数を把握することができます。営業年数が長いからといって良い会社とは言い切れませんが、判断材料の1つにはなると思います。中心に行っている業務が賃貸業なのか売買業なのかを確認し、自身が依頼したいことに対応してくれる会社なのか判断しましょう。

空き家に関しては、登記の変更ができていなかったり相続でトラブルを抱えていたりする方が多くいらっしゃいます。そのため、弁護士や司法書士、税理士など士業の人たちと連携している会社だとより安心かと思います。解体業者やリフォーム会社、造成会社などとの連携もチェックしましょう。連携先が実名で掲載されているか、これも重要なチェック項目です。

ブログやSNSなどがあったら、そちらもぜひ見てみてください。会社の雰囲気がわかり、接客の様子が想像できるかもしれません。その地域に根付き、土地や住民を熟知していることがわかると信頼感が増します。

得ます。その場合は、亡くなった方から相続人に所有権の移転を行います。この手続きを相続登記といい、自分で行うこともできますが、申請に添える書類を準備するのは時間と手間を要します。時間に余裕のない方は、最初から司法書士などの専門家に任せることも検討してみてください。

人が住まなくなった家は急速に傷んでいきます。湿気がこもって建具の傷みにつながり、害虫や害獣も発生して、一気に老朽化が進みます。そうした空き家の解体はたいへん危険で、機械では行えない可能性があります。人力での作業になるため、解体費も上がってしまうのです。

肉親との別離はつらく悲しいものですが、時が経てば少しずつ受け入れて前を向くこともできます。ただ、空き家対策においては時間は敵。「わからないから」と思考を停《と》めることは、いっときは気が楽になってもさらに状況を悪化させるだけです。自治体から指導されるような管理ができていない空き家にならないよう、まずは向き合うことが重要です。

Q3 空き家の売却に関して、信頼できる不動産会社はどうすれば見つけられるか。また、実際に売るとなったらどのように交渉すればよいか。

A インターネットで地域の不動産会社を検索してみましょう。ホームページからだけでもさまざまな情報す。ですが、ご自身の現在の住まいにすべてを持ち帰ることはできません。持ち帰れる荷物は段ボール数箱分というのが実情です。本当に大切なものだけをピックアップし、その他の処理は業者に依頼してしまったほうが気持ちの整理が早くできるかもしれませんね。

Q2 親が遺した空き家があるが、何をどうすればいいか全くわからず放置したままになっている。

A **空き家が所在する地域の自治体で、相談窓口がないか調べてみましょう。**現在のお住まいが遠方でも相談は可能です。空き家対策は自治体の役割の1つ。自治体によっては地域の不動産会社等の事業者や弁護士などの士業と協定を締結し、相談窓口を運営しています。そうした窓口を利用することで、自分が訪問せずとも、必要な見積もりまで出してくれるところもあります。

併せて、**登記簿謄本（登記事項証明書）を取得してみましょう。**登記簿謄本は誰でも、自治体の法務局窓口あるいはオンラインで取得することができます。これを見れば、誰がいつこの物件を購入したのか、土地や建物の名義がどうなっているのか、土地の大きさ（地積）や地目、抵当権等の担保権の有無などを確認することができます。調べてみたら、すでに亡くなった方の名義だったというケースもあり流れは時間も手間もとてもかかります。

②地域のクリーンセンターや処分場に持ち込む

車を利用できるなら、この選択肢があります。①と違って収集日を待つ必要はありませんが、事前に予約が必要だったり、地域によっては回収できるごみが決まっていたり、そもそも住民しか持ち込めなかったりすることがあります。あらかじめ役所やクリーンセンターに連絡し、持ち込めるごみの種類・量の確認や、家の片付けで排出されたごみを住民ではない相続人が持参することが可能か等、相談することをおすすめします。

③家財整理業者に依頼する

手間をかけずにお金で解決する方法です。家の広さや地域によって異なりますが、費用の一般的な相場としては、何も手をつけていない状態であれば50万円前後、足の踏み場もないごみ屋敷化している状態だと100万円を超えることになるでしょう。最近はSDGsへの配慮などもあって分別に時間を要するため、家財整理業者の作業費が高騰しています。家電リサイクル法等によりリサイクル料金もかかります。適正な価格が見えづらいため不安に感じる方も多いかと思いますが、複数社に見積もりを取るなどして、納得して信頼できる業者を見つけましょう。

思い出の品が多く残る実家の片付けは進めづらいものです。物ひとつ捨てるにも抵抗があると思いま

住まいの問題
解決へのはじめの一歩
Q&A 30

空き家編

監修：上田真一（NPO法人 空家・空地管理センター）

Q1 空き家になった実家の荷物の処分で悩んでいる。家財道具から思い出の品まですべてそのままになっており、量がかなり多い。

A 空き家となってしまった実家で、多くの方が最初に苦労するのが家財の片付けです。ご両親が居住していた家には2人分の生活用品が残っています。加えて自分の学生時代の荷物等が残っている人もいるのではないでしょうか。こうした物の処理には大きく分けて3つのやり方があります。

①家庭ごみとして捨てる

基本的には、大半の物は家庭ごみとして捨てることが可能です。ただ、実家が遠いと、この作業は非常に大変です。家庭ごみの回収は自治体によってルールが違うため、まずは分別ルールを把握し、収集日を確認する必要があります。その後、実家に滞在しながら分別したごみを収集日に出すという一連の

NHKスペシャル取材班
2023年10月1日、8日にNHK総合テレビで放送された『NHKスペシャル』のシリーズ「老いる日本の〝住まい〟」の取材チーム。先行して放送された『クローズアップ現代』の「老いるマンション」「急増！〝なんとなく空き家〟」の大きな反響を受け、「空き家1000万戸の衝撃」「マンションに迫る2つの〝老い〟」という2つの観点から、さらに日本人の住まいを取り巻く状況を掘り下げた。
番組と連動する形で、NHKのホームページ「みんなでプラス」https://www.nhk.or.jp/minplus/0143/では、視聴者の住まいにまつわるお悩みのQ&Aを掲載中。

マガジンハウス新書 021
老いる日本の住まい
急増する空き家と老朽マンションの脅威

2024年1月25日　第1刷発行

著　者　NHKスペシャル取材班
発行者　鉄尾周一
発行所　株式会社マガジンハウス
〒104-8003　東京都中央区銀座3-13-10
書籍編集部　☎03-3545-7030
受注センター　☎049-275-1811

印刷・製本／中央精版印刷株式会社
ブックデザイン／TYPEFACE（CD 渡邊民人、D 谷関笑子）

ISBN978-4-8387-7522-4 C0236